KB059878

청춘의 가격

청춘이 사라진 시대,
2017 대한민국 청년의 자화상

청춘의 가격

새로운 사회를 여는 연구원 지음

青春

추천사

  어릴 적 미로 게임을 좋아했던 나는 출구에서 목적지까지 단번에 길을 찾아본 적이 없다. 늘 막다른 길로 향하거나, 출구를 찾지 못해 포기하기 일쑤였다. 그러다 찾아낸 꼼수는 거꾸로 목적지에서 출구를 향하는 것. 모두가 화살표가 놓인 출입구에서 게임을 시작해야 한다고 믿지만, 미로 게임의 목적이 미로 탐험이라면 출발이 어디든 상관없다고 생각했다.

  『청춘의 가격』은 가상의 인물 '청춘 씨'를 통해 미로 게임 한복판에서 길을 잃고 헤매는 동시대 청년들을 보여준다. 그러나 정작 그들의 삶을 추적하다 보면, 길을 잃어버린 건 청년들이 아니라 한국 사회가 그려놓은 좌표였다. 일자리 정책, 복지, 주거, 대학 교육 등의 사회 시스템과 대학에 가면 취직을 하고 성실하면 성공과 보상이 따른다는 믿음 자체가 무너져버렸다.

  저자들은 '눈을 낮춰라', '열심히 일해라', '꿈을 위해 도전하라'고 윽박지르는 사회를 향해 말한다. '이 미로 게임 같은 판이

4

얼마나 허술하고, 억지스러운 것인지 우린 알고 있어요'라고. 이처럼 통쾌한 한 방이 또 어디 있을까! 책에 실린 청년 지표는 임금 구조를 가장 밑바닥에서 받치고 있는 세대가 청년층이라는 사실과, 이들에게 숙련보다 값싼 노동력을 요구하는 사회의 민낯을 보여준다. 이뿐인가. 날로 치솟는 주거비와 대학 등록금을 감당하기 위해서 청년들이 자신의 시간, 노동, 학업과 맞바꾼 돈을 집주인과 대학에 고스란히 갖다 바치는 현실을 목도한다.

이제 그 판을 걷어찰 때다. 그리고『청춘의 가격』은 새 판으로 가는 밑거름이 될 것이다. 오늘도 어디선가 일을 하고, 밤잠을 설칠 수많은 '청춘 씨'에게 이 책은 말한다. 삶의 목적지에서 출구를 향해 거슬러 살아도 괜찮다고. 오늘도 내일도 계속 걸어갈 것이기에, 우리에겐 충분히 청춘(青春)일 권리가 있다.

천주희,『우리는 왜 공부할수록 가난해지는가』저자

차례

시골 청년 상경 분투기

홀가분한 후퇴

노동 시장 밖의 청년들

청년은 푸르러야 한다

청춘 씨의 하루

'청춘 씨'는 매일 아침 8시에 일어난다. 오전에는 토익 학원에 가고 오후에는 아르바이트를 한다. 저녁에는 자취방에서 인터넷 강의를 들으며 취업에 필요한 자격증 시험을 준비하고 있다. 청춘 씨의 이런 생활은 벌써 1년째이다. 대학 졸업 직후 계약직으로 취업했지만 재계약이 어렵고 적은 임금에 비해 업무량은 무척 많았다. 결국 청춘 씨는 퇴사 후 다시 취업 준비에 '올인'하기로 했다. 지금 목표는 안정된 일자리를 얻는 것이다. 대학 졸업반 때부터 총 4번의 공채 시즌을 겪으며 거절에 익숙해진 청춘 씨는 오늘도 이력서를 보며 더 채울 것은 없는지 찾고 있다.

지방 중산층 가정에서 태어난 청년, 청춘 씨는 2형제 중 맏이

이다. 서울 소재 대학에 합격한 뒤 청춘 씨의 일상은 아르바이트와 떼려야 뗄 수 없는 사이가 되었다. 비싼 학비와 지방에 비해 높은 수준의 주거비는 부모님의 지원만으로는 해결할 수 없는 문제였다.

청춘 씨의 학창시절 생활기록부에는 '성실함'이라는 단어가 빠지지 않았다. 그 성실함을 바탕으로 대학 입학 직후부터 취업 준비를 위한 어학 공부와 자격증 취득에 몰두했다. 그런데 그가 보기에 이상한 점이 있었다. 주변의 학점도 좋고 인성도 훌륭한 선배들이(그 선배들의 생활기록부에도 '성실함'이 빠지지 않았다) 취업이 되지 않아서 전전긍긍하고 있었던 것이다. 그 모습을 보며 청춘 씨는 공무원 시험 준비를 잠시 고민했다. 그러나 시험을 준비하는 기간과 비용이 만만치 않았고 합격한다는 보장이 없기 때문에 섣불리 뛰어들 수 없었다. 대신 남들보다 미리 준비하면 좋은 결과가 있을 것이라는 믿음으로 취업 스펙을 쌓기로 했다. 그는 자격증 취득뿐 아니라 인턴십과 봉사활동에도 참여하는 등 남보다 일찍부터 시간과 노력을 쏟았다.

졸업 후 청춘 씨를 기다리고 있는 것은 적은 수의 정규직과 많은 수의 비정규직 일자리였다. 비정규직의 경우 1년 계약인지 2년 계약인지에 따라서 경쟁률이 크게 달랐고, 정규직 전환 가능성이 언급된 자리에는 대기업 정규직 신입 공채만큼 청년들이 몰렸다.

공채 시즌에 여러 번 고배를 마신 청춘 씨는 규모는 작지만 정규직 전환의 기회가 있다는 무역회사의 1년 계약직 사무직으로 채용되었다. 첫 직장에서 청춘 씨는 잡다한 사무보조 업무를 주로 맡았다. 재계약과 정규직 전환에 대한 기대감은 곧 부담이 되어, 업무를 마친 후에도 일없이 '자발적' 야근을 하는 날이 늘어갔다. 그런데도 정규직 전환은커녕 재계약조차 실패했다. 오늘도 청춘 씨는 아르바이트로 생활하며 취업을 준비하고 있다.

보이지 않는 청춘들

청춘 씨는 지금 어디에 있을까? 지하철에, 버스에, 아니면 자격증 학원에 있을까? 실제로 청춘 씨는 어디에나 있다. "저 여기에 있어요!"라고 크게 목소리를 내지는 않지만 사회 곳곳에 존재한다.

우리는 통계로만 보았던 청년들을 직접 만나보고 싶었다. 사회의 양지보다 음지를 조명해야만 겨우 발견할 수 있는 청년들, 그들에게 청구된 과도한 비용의 실체를 확인하고 싶었기 때문이다. 가정과 학교의 담장 안에 있다가 성인이 되면서 아무런 준비 없이 치열한 삶의 최전선으로 떠밀려 나온 그들은 어떤 짐을 지고 있을까. 거리에서 스치는 청년 모두가 취업 문제를 유전자 코드처럼 간직하고 있을까.

반은 맞고 반은 틀린 질문이다. 취업 문제가 청년 문제의 대문 역할을 하고 있지만, 일단 그 문을 열고 들어가면 다양한 종류의 문제를 만나게 된다. 좋은 일자리를 향한 열망의 크기는 청년들

각자의 기대에 따라 달라진다. 스스로 노력한 결과에 대한 기대, 부모님의 투자에 대한 기대, 사회에서 '중간'이고자 하는 기대 등 취업 문제 이면에는 이처럼 여러 기대들이 응축되어 있었다. 그 시작이 대학교 입학이고, 짝꿍처럼 취업이 따라 붙는다.

'대학 졸업 후 취업'은 오늘날 청년들의 유일한 선택지이다. 그래서 성실한 청년일수록 취업 문제를 '내 노력이 부족해서 사회를 쫓아가지 못하고 있다'고 자기 탓을 하게 된다. 그리고 모자란 부분을 채우기 위해서 끊임없이 내달리다 결국 '포기'하고 '달관'하고 스스로를 '흙수저'로 규정해버린다. 이 과정에서 청춘은 제 빛깔을 잃고 스스로 목소리를 꺼버리고 만다. 어느새 보이지 않는 청춘들만 가득한 역설적인 사회가 되었다.

청춘이라는 말의 무게, 그들은 누구인가

청춘은 한자어로 푸를 청(靑)과 봄 춘(春)을 붙여 쓴다. 만물이 푸른 봄철이라는 뜻인데, 보통 10대 후반에서 30대 초반까지의 젊은 세대를 아우른다. 하지만 오늘날의 대한민국 청춘, 청년들은 말의 본뜻과는 사뭇 다른 무채색의 시기를 보내고 있다. 청년들 사이에는 취업과 고용 형태, 주거 환경, 그리고 미래를 위한 투자 등 여러 범위에서 양극화가 발생하고 있고, 대체로 밝은 미래를 전망하기 힘들다는 우울함이 근저에 깔려 있다. 왜 청년은 청춘이어야 하는가? 청년은 미래이기 때문이다. 청년을 푸른 봄에 비유하는 이유는 그 시기가 꽃을 피우고 열매를 맺을 준비를 하는 '가능성'의 시기이기 때문이다. 그래서 청년은 곧 청춘이어야 한다. 절망 속에서 제자리걸음하는 청년들이 많아질수록 그 사회의 미래는 어두워진다.

청년에 대한 이야기를 시작하기에 앞서 '청년의 범위'를 먼저 정의해야 한다. 청년의 범위를 어떻게 설정하는지에 따라 각종 통계의 추이가 달라지기 때문이다. 가장 먼저 연령을 기준으로 볼 때, OECD 기준 청년은 15세에서 29세의 인구집단을 가리킨다. 국내에서도 「청년고용촉진특별법」에서 청년을 OECD와 동일하게 15세 이상 29세 이하의 인구집단으로 규정하여 관련법의 시행 대상으로 삼았다. 다만 지방 공기업은 15세 이상 34세 이하의 인구집단으로 청년의 범위를 확대했다. 청년 실업 문제를 대할 때는 만학의 영향으로 20세에서 30대 중반까지로 청년의 범위를 조정하기도 하며, 정치권에서는 정당 청년위원회에 속할 수 있는 나이를 만 45세까지로 규정하면서 청년의 범주를 늘렸다. 농촌 지역에서는 고령화 문제와 맞물리며 50세를 청년으로 보는 경우도 있다.

하지만 연령만을 기준으로 청년을 정의하는 방식에는 몇 가지 문제점이 있다. 예를 들어 같은 30대 초반이라고 해도, 막 취업을 한 신입사원 A와 결혼 및 출산·육아의 과정을 거친 '경단녀'(경력 단절 여성) B를 같은 범주에 포함시켜서는 청년 문제에 제대로 접근하기 어렵다.

우리는 『청춘의 가격』이라는 제목으로 청년들이 청춘의 시기를 보내는 데 필요한 요소들과 그것을 획득하기까지 필요한 비용을 들여다보고자 한다. 한 사람이 태어나 성인이 될 때까지 투자된 사회적·개인적 자본의 총량을 유추해보고, 이후 청년들이 사회생활을 하면서 임금과 소득으로 돌려받는 비용을 계산하여 청년들의 삶을 현실적으로 드러낼 것이다.

이 책에서는 이제 막 대학에 입학한 20세부터 취업·연애·결혼의 단계를 지나온(또는 지나고 있는) 35세까지를 청년의 범위로 정하고, 다시 그들을 연애 및 결혼, 주거, 여가, 노동 시장과 노동 환경을 주제로 분류할 것이다. 또한 실제 청년들과의 인터뷰를 통해 그들이 원하는 청춘의 모습과 그들이 겪고 있는 청춘의 현실을 생생하게 보여줄 것이다.

우리가 하고 싶은 말은

2000년대 후반부터 취업 준비를 위한 휴학이 청년기에 거쳐야 하는 통과의례가 되었다. 안정된 직장 중 최고라는 공무원 시험과 교사 임용시험의 경쟁률은 매년 치솟고 있다. 오늘날 청년들이 안정성에 매달리는 이유는 여러 가지다. 비정규직 및 불안정한 일자리의 임금은 수도권에서의 생활비를 겨우 충당할 수 있는 수준이다. 이런 상황에서 청년들은 빚을 내서 가정을 이루고 아이를 낳아 기르며 부모 세대가 자신들에게 해준 경제적인 지원을 내 아이에게 똑같이 해줄 자신이 없다. 1~2년 혹은 한 달이나 일주일에 불과한 계약기간을 감내해야 하는 청년들에게 '근시안적 태도를 버리고 멀리 보라'고 독촉하는 것은 폭력에 가깝다. 청년은 당연히 힘든 시기이니 더 힘든 이들을 보면서 지금 가진 것에 감사하고, 그 안에서 너의 길을 찾으라는 위로는 현재와 미래를 포기하라는 말과 다름없다.

우리는 응당 누려야 할 청춘을 잃어버린 청년들의 이야기를 '가격'에 빗대어 풀어내고자 한다. 청년이 청춘을 얻는 데 드는 비용은 얼마인가? 그것을 얻고 유지하는 데 드는 비용을 들여다보면 힘든 시기를 보내고 있는 청년들에게 어떤 것이 필요한지가 선명하게 드러날 것이다. 또한 청년 문제를 해결하기 위해서 조직된 다양한 공동체의 활동도 살펴보며, 더 나은 미래를 위한 실마리를 발견해나갈 것이다.

청춘을 아프게 하는 말, 말, 말

2015년 12월 1일 국무회의에서 정종섭 행정자치부 장관은 서울시 청년활동지원사업(이하 청년수당)에 대해 "범죄라고 규정할 수 있다"고 말해 공분을 샀다. 서울시는 서울에 1년 이상 거주한 만 19~29세 미취업 청년 중 중위소득 60퍼센트 미만을 대상으로 3,000명을 선발하여 6개월간 월 50만 원을 지급할 계획을 세웠다. 그러나 보건복지부의 직권취소 결정으로 인해 청년수당은 2016년 8월 1회 지급된 후 사실상 중단됐다. 하지만 성남시의 청년배당 제도가 2016년 1월부터 시행 중이고, 경기도와 인천시도 비슷한 제도를 2017년부터 시행할 계획을 세우는 등 청년을 대상으로 하는 수당 지원 정책은 점차 확대되는 추세다.

청년수당 지급에 대한 찬반 여론을 통해 청년 문제를 바라보는 정치권의 시각을 두 가지로 나눠볼 수 있었다. 한쪽에서는 청년수당을 '복지'로 여기고 다른 쪽에서는 '사회 투자'로 생각한다. 두 입장 모두 청년의 고통을 사회가 분담해서 해결하고자 하지만, 정책의 방향이 다르다. 앞선 서울시의 행보는 이것을 사회 투자로 본 정책이다. 정책의 효과나 이 정책을 실행했을 때 가져올 결과도 중요하겠으나, 무엇보다 정책이 지금 청년들이 직면한 현실적인 어려움에 공감했다는 점에서 기대가 컸다.

오랫동안 막대한 비용을 들여 다양한 정책을 시행했음에도 불구하고 심화된 청년 문제 해결의 실마리는 이처럼 '공감'을 기반으로 할 때야 찾을 수 있다. 이에 우리는 그간 정치권의 발화를 통해 청년들이 어떻게 소외되고 상처받았는지, 혹은 어디에 공감하고 손뼉을 쳤는지 확인하고자 한다.

2015.3.19. ·· **대통령 박근혜**

"청년 일자리 여기서 해결되지 않아…
다 일자리 많은 중동으로 가라"

상처 POINT　　청년들이 안정된 일자리를 원하는 이유를 전혀 모르고 있을뿐더러, 국내에 만연한 일자리 불안의 심각성을 인지하지 못한 발언이다. 청년 일자리 정책을 주도해야 할 행정부 수반이 한 발언이기에 더욱 실망스럽다.

2016.7.4. ·· **한국장학재단 이사장 안양옥**

"청년들 빚이 있어야 파이팅한다"

상처 POINT　　부채는 취업난과 비정규직 일자리로 점철된 청년들을 N포로 이끄는 길이다. 그런데 국가 장학금과 학자금 대출을 담당하는 준정부기관의 이사장이 빚을 독려했다. 문제가 불거지자 부유한 학생들에게 한 말이라고 둘러댔는데, 정부도 파이팅이 필요해서 나라 빚을 늘렸나?

2014.12.26. **새누리당 대표 김무성**

"(아르바이트생 부당 처우에 대해) 인생의 좋은 경험이다 생각하고,
하여튼 열심히 해야지 방법이 없어요."

상처 POINT   아르바이트생 부당 처우는 사회적 지위가 높은 사장의 갑질이지 좋은 경험
이 아니다. 바른 정치인이라면 청년들의 한탄을 탓하기보다는 문제가 발생하는 구조를 자세히
들여다보고 개선할 정책을 마련해야 할 것이다.

2015.11.12. **전 서울시장 오세훈**

"젊은 사람들의 가슴속에서 자부심과 자긍심을 찾아볼 수 없습니다.
개발도상국에 가서 한 달만 지내보면 금방 깨닫는 게
바로 국민적 자부심입니다."

상처 POINT   자신이 처한 상황보다 열악한 상황에 빗대어 나는 괜찮다는 마음을 갖는 것
은 비겁하다. 남의 어려운 상황과 비교하여 세운 자부심과 자긍심은 사회 통합이 아니라 사회 갈등
을 조장할 뿐이다.

2016.5.30. **국민의당 공동대표 안철수**

"(구의역 사고에 대해) 가방 속에서 나온 컵라면이
마음을 더 아프게 합니다.
조금만 여유가 있었더라면 덜 위험한 일을 택했을지도 모릅니다."

상처 POINT   사회는 '덜 위험'한 것이 아니라 '안전'을 지향해야 한다. 안전은 개인의 경
제 수준과 상관없이 노동자의 당연한 기본 권리이다. 위협과 위기의 원인이 개인에 있는지, 구조
에 있는지에 대한 고찰조차 없다면 새정치는 효용이 없을 것이다.

앞서 언급한 말들을 뱉기 전에 청년실신(청년이 실직 상태에서 대출을 받았다가 신용불량자가 되었다는 뜻), 헬조선, N포세대, 수저계급론, 열정페이 등 청년들이 처한 어려움을 나타낸 단어들의 속내를 들여다보았어야 한다. 위험하고 힘든 작업장에서 단기 계약과 적은 보수를 감내해야 하고, 학자금으로 인한 부채를 껴안은 채로 사회로 나오며, 안정된 일자리를 찾기 위해서 장기간 취업 준비를 해야만 하는 청년들. 우리 주변에서 쉽게 찾을 수 있는 이들이 함께 미래를 그려나가야 할 사회 구성원임을 잊지 말고 서로 힘을 주어야 한다.

2016.3.22.   **역사학자 전우용**

"청년들더러 실패를 두려워 말라고 하려면,
실패해도 국가가 지켜준다는 말을 함께 하는 게
정상적인 국가 지도자의 자세입니다."

2015.11.12.   **서울시 '청년수당' 홍보문**

"우리 청년의 꿈은 악순환의 늪에 빠져 있습니다.
메마른 현실에서 꿈을 틔울 수 있는 물 한 모금을 주려고 합니다."

1

나는 생활하는가 생존하는가

청년의 꿈, 예술, 그리고 생활

김초록
30세
싱어송라이터

　30세 김초록 씨는 계약직으로 직장에 근무하다 싱어송라이터로 전직한 지 8개월 된 음악인이다. 스스로를 '뮤지션'이라 부르기엔 부족하다고 느낀다는 초록 씨는 음악을 전공하지는 않았지만 음악인으로서의 삶을 오랫동안 소망해왔다. 하지만 꿈꾸던 삶이라고 해서 힘들지 않은 것은 아니다. 음악이라는 꿈을 좇아서 '안정된 직장'이란 틀에서 벗어나 불안에 온몸을 내맡긴 생활은 커다란 부담으로 다가왔다. 현재 실업급여 수급 중단을 앞둔 그녀는 다시 이전의 직장 생활로 돌아가 현실과 꿈을 병행하며 싱어송라이터 생활을 계속해야 할지, 상대적으로 시간이 여유로운 다른 아르바이트를 알아봐야 할지 고민 중이다. 그래도 열심히 일만 하다가 마침내 음악만을 할 수 있는 시간을 갖게 된 현재에 만족하고 있었다.

　초록 씨와 같이 예술 활동을 전업으로 삼은 청년들의 생활은 대체로 보통의 경우보다 더 불안정하다. 목돈을 어느 정도 마련하고 전업 음악 생활에 뛰어들었다고 해도 지속되는 투자에 생활고가 찾아오기 때문이다. 초록 씨의 경우 음악을 만들기 위해 중고 노트북과 앰프를 구매하는 데 180만 원이 들었고, 학원비, 레슨비, 월세와 생활비 등으로 매달 120만 원을 꾸준히 소비하고 있었다. 하지만 예술 활동은 일반적인 취업 활동과는 달리 국가나 기업의 지원을 받을 수 있는 기회가 적고, 지원 기준도 분명하지 않기 때문에 어려움이 더 컸다. 또한 공연을 하더라도 공연비를 받지 못하는 경우가 허다했다.

초록 씨는 직장 생활을 하던 시절에 비싼 장비를 미리 사놓지 않았던 것을 아쉬워했다. 고정적인 수입 없이 생활해야 한다는 불안감은 당사자의 꿈을 크게 위협하는 요소다. 미래의 소비나 결혼과 같은 일을 단계적으로 계획하는 것도 어렵다. 초록 씨도 꿈을 이루기까지 거쳐가야 하는 현실이 너무나 힘들고 돈도 많이 들기 때문에 잘 되지 않으면 그만둘 수도 있을 것 같다는 고민을 내비쳤다.

> "진짜 나만을 위해 보낸 시간. 이 시간이 없었으면 저를 제대로 몰랐을 것 같아요.
> 저를 새롭게 알게 된 시간이에요. 한 번밖에 없을 시간.
> 부모님, 다른 상황, 돈, 이런 것들을 다 포기하고
> 나만을 위해 결정한 일이니까 가치가 있어요."

초록 씨는 인터뷰 말미에 지금 음악에 몰두하고 있는 시간에 대해 위와 같이 설명했다. 작은 카페를 운영하며 음악을 계속할 수 있는 미래를 꿈꾸는 초록 씨는 현재 청년들을 지원하는 정책들이 모두 '취업'을 목표로만 만들어진 것이 아쉽다고 했다. 예술을 업으로 삼기 위해서는 자신을 탐색하고 발견하고 같은 길을 가는 사람들 사이에 밀착될 수 있는 시간과 다짐이 필요하다. 취업이 아니라 예술 활동을 지속하는 것이 목표이기 때문에 자신의 색깔과 의지를 지킬 수 있는 환경이 필수적인 것이다.

하지만 이 시간을 견뎌내고 결실을 얻기 위해서는 일정 수준의 생활비가 반드시 필요하다. 예술 청년들이 유일하게 바라는 것은 '예술 활동을 하는 삶'이 가능한 환경을 만드는 일인데, 언제나 생활의 벽은 두껍고 높기만 하다.

먼저 현재 자신에 대해 간략하게 소개해주세요.

저는 싱어송라이터로 활동하고 있어요. 그런데 완벽하게 뮤지션이 되었다고 말하기에는 부족한 점이 있어서, 스스로를 지망생이라고 부르고 있습니다. 직장을 5년간 다니다가 음악에 제대로 집중할 시간이 필요해져서 그만두고 3월부터 본격적으로 시작했어요. 2016년 2월 말에 그만두고 지금은 음악만 하고 있습니다. 노래를 만들고 노래를 부르면서요.

예전에는 어떤 일을 했나요? 음악과 관련된 일이었나요?

아뇨, 아예 다른 분야였어요.

그럼 원래 음악을 전공했나요?

그것도 아니에요. 음악이라는 게, 전공과 상관없이 많은 사람들이 할 수 있는 분야이다 보니까…. 주변에서 비전공자가 음악을 하는 모습을 많이 보면서 꿈을 갖게 되었고, 결국 다니던 직장을 그만두었어요.

예전부터 하고 싶은 일이었다고 하더라도 직장을 그만두기까지 고민이 많았을 것 같아요.

네. 다들 그렇게 이야기하는데, 계속 그만두어야지 그만두어야지 생각하고 있다가 이번에 실행에 옮긴 것이기 때문에 그렇게 힘들지는 않았어요.

**안정된 틀이 없어지면서, 여기에서 내가
스스로 헤쳐 나가야 한다는 불안감이 가장 힘들었습니다.**

선택한 뒤에 힘든 점은 없었나요?

처음 한두 달은 없었죠. 그다음에는, 제가 하려는 일이 사실 정답이 없는 일이다 보니 그것에 대한 부담감이…. 직장 생활을 할 때는 생각하지 않았던 부분들, 정해진 일상에 나를 맡기고 살아갈 때와는 차원이 다른 자아에 대한 불안 같은 것들이 생겼어요. 안정된 틀이 없어지면서, 여기에서 내가 스스로 헤쳐 나가야 한다는 불안감이 가장 힘들었습니다. 음악이나 예술은 정답이 없는 것이라서 언제 잘될지도 모르고, 게다가 내가 전공도 아닌데 잘할 수 있을까…. 그런 걱정 때문에 조금 힘들었습니다.

일을 그만둘 때 준비 기간을 가졌나요?

그렇죠. 갑자기 그만둔 것은 아니고, 제 나름대로 탐색 기간을 거쳤습니다. 실용음악 학원에 다니면서 가능성을 따져보았어요. 2013년에 처음 학원에 등록했을 때는 이론만 배우면서 '이런 게 있구나, 재미있다' 정도였어요. 그런데 선생님들이 한마디씩 하는 거예요. '너 괜찮다. 처음 만든 건데 이렇게 했어?' 그러면서 가능성이 있다고 얘기해주는 것이 제게 영향을 미쳤습니다. 언젠가는 음악만 하면서 살고 싶다고 생각했어요. 반면 직장 생활은 점점 답답해졌죠. 그만두어야겠다, 그런 생각을 하다가 2014년부터는 주말을 반납하고 학원을 다니면서 계속 준비했습니다. 결국 본격적으로 하려면 다른 하나를 놓아야겠다는 생각으로 직장을 그만두고 지금의 생활을 시작했습니다.

그 선택을 할 때 주변에 같은 선택을 하거나 조언을 해줄 만한 사람들이 있었나요?
조언해주는 사람이 있었습니다. 그런데 사람마다 말이 다 달랐어요. 스타일도 다르고 말도 달랐죠. 어떤 사람은 '너 이렇게 하면 어차피 나중에 돈 다 떨어진다, 일을 못 하면 힘들어질 거야'라고. 자기가 먼저 겪어본 거죠. 또 어떤 분은 무용인데요, 지금 무용 대학원에 다니고 있지만 그전까지 이것에만 집중할 시간이 필요했다고, 너도 5년 동안 열심히 일만 했으니까 한 번은 그만두고 하고 싶은 일을 할 시간을 갖는 게 필요할 거라고 얘기해줘서 영향을 많이 받았습니다.

일을 하면서 쉬고 싶다, 그만두고 싶다고 생각하게 된 계기가 있나요?
일을 계속하면 제 꿈을 이룰 수 없을 것 같았어요. 시도조차 하지 못하고, 하려 해도 일을 하면 저의 에너지와 시간을 다 빼앗기니까요. 사실 음악에는 그 세계에 발을 담그지 않으면 모르는 것이 있거든요. 직장을 계속 다니면 평생 모를 것 같았어요.

원래 음악을 하고 싶었는데 돈벌이가 필요해서 취업했던 것인가요?
꼭 그런 것은 아니에요. 취업한 분야도 저의 꿈 중 하나이긴 했습니다. 그런데 일을 하면서 더 선명하게 음악을 하고 싶다고 느끼게 된 것이죠.

이제 생활 전반에 대한 질문을 드릴게요. 한 달에 생활비가 얼마 정도인가요?

100만 원 이상이에요.

구체적인 소비 항목을 이야기해주실 수 있을까요?

월세 및 관리비 30만 원에, 식비가 가장 많이 나와요. 교통비도 한 10만 원 정도 나오죠. 학원비도 30만 원 냅니다. 그래도 엄청 싸게 배우는 거예요. 원래는 한 달에 20만 원이면 한 시간에 5만 원씩 개인 레슨 받는 게 전부인데…. 그것도 싼 편인데, 제 선생님이 지금은 5만 원에 2시간 반씩 가르쳐주시거든요. 제가 "저 일 그만두고 이제 선생님밖에 없어요"라고 하니까 "그럼 2시간 봐드릴게요"라고 얘기해주셨어요. 잘 배우고 있는 거죠.

그 밖에 식비와 사회관계 유지에 지출하는 비용은 어느 정도인가요?

30만 원 이상 들죠. 옷도 사야 하고, 교통비, 보험료, 휴대폰비 등 다 제가 내니까요.

고정비용이 꽤 크죠?

고정비가 한 60만 원 정도 나와요. 거기에 레슨비와 생활비를 합치면 더 늘어나요. 모두 120만 원 정도네요.

목돈이 필요했던 적은 없나요?

직장 그만두고 나서요? (예.) 목돈은 장비를 살 때 필요했습니다. 중고 맥북을 130만 원 정도에 샀죠.

음악 작업을 위해서요?

네, 무조건 필요했어요. 맥북만 있어서 되는 게 아니라, 스피커도 필요하고 다 있어야 하는데, 저는 없어요. 최소한으로 작업하고 있는데, 음악하는 사람들은 연습실을 대여하는 데도 20~30만 원이 들지만, 저는 그런 것도 안 하고 맥북 앰프 산 게 50만 원 정도…. 목돈이 들어갈 데는 많죠.

혹시 미래에 필요할 것으로 예상되는 지출도 있나요?

진짜 뭐 하려고 하면 다 100만 원씩 해요. 300? 400만 원 정도 더 필요할까요? 음악을 할 수 있는 환경을 만드는 데 드는 비용이죠. 그렇지 않아도 할 수는 있지만…. 있으면 훨씬 더 편하죠.

앞으로 지속적으로 투자할 생각도 있나요?

투자를 해야 하는데…. 하면 무조건 좋은 거예요.(웃음)

지금 수입은 어디에서 얻고 있나요?

3월부터 실업급여를 받고 있어요. 직장을 그만둔 지 얼마 안 됐거든요. 3월 말부터 8월까지 받았는데, 곧 끝납니다. 이제 큰일이죠. 그래서 아르바이트를 해야 하나, 다시 직장을 가야 하나 고민하고 있습니다.

부모님의 원조나 대출은 생각해본 적 없나요?

대출은 생각 안 해봤어요. 부모님도 전혀…. 저는 20살 때부터 받아본 적이 없어요. 그건 절대 배제하고, 제가 스스로 결정한 일이니까 스스로 책임지려고요.

직장 다니며 모아놓은 돈을 쓰고 있는 건가요?

그렇죠. 지금까지 실업급여를 받기도 했고, 작년에 일했던 곳에서 올해 성과급 나온 것도 있어요. 필요한 데 잘 썼습니다. 앞으로 또 벌어야죠.

지금 고려 중인 소득 활동이 있나요?

아르바이트를 하면 제가 시간을 조절할 수 있을 것 같아요. 평일 4시간이나 주말 풀타임처럼요.

실업급여가 현재 생활에 도움이 되었나요?

그런 보험이 있으니까 계약이 만료되더라도 5년 일했으니 5개월 받을 수 있겠구나, 안심이 되었어요.

소득이 늘어난다면 가장 먼저 무엇을 하고 싶나요?

사고 싶은 게 많아요. 후회되는 게 돈을 벌 때 음악 활동에 필요한 용품을 많이 안 샀던 거예요. 쓰지 않고 돈을 조금 모았는데, 지금은 소득이 없으니까 필요한 장비를 구입하기 힘들어요. 앞으로 돈을 다시 벌게 되면 사야지 생각하고 있어요. 악기도 그렇고, 고민하느라 안 샀거든요. 사놓지 않은 게 후회돼요.

미래에 대한 기대나 계획을 자유롭게 얘기해주세요.

저는 현재가 가장 절박하기 때문에 미래나 계획을 설명하기는 힘들어요. 앞으로 제 곡을 10곡 정도 발표하고 싶다는 것이 저의 소박한 꿈이에요. 음악으로 저와 비슷한 사람들과 공감하고 함께 위로받고…. 제가 작은 곳에서라도 공연을 할 수 있으면 좋을 것 같아요. 거창한 것은 아니죠. 그러다 잘 안 되면 음악을 그만둘 수도 있을 것 같아요. 생각보다 힘들기 때문에…. 돈도 많이 들고요. 공연을 해도 수입을 못 받는 곳도 많고요. 공연을 하기 전에는 제가 갑인데, 공연이 끝나면 을이 되는 거예요. 돈을 안 주니까요. 그것도 5만 원씩 되는데…. 그러니까 이 일로 돈을 많이 벌기는 힘든 것 같아요.

요즘 삼포니 사포니 N포, 이런 얘기가 나오잖아요. 이 이야기의 시작이 된 삼포는 연애·결혼·출산이었죠. 혹시 그 부분에 관한 계획이 있나요?

결혼에 대해서라면, 저는 이렇게 생각해요. 둘이 마음 맞아서 성당에 가서 약속하는 것도 결혼이라고요. 그래서 결혼에 대한 부담은 없어요. 연애는 하고 있습니다. 상대도 예술 쪽에 있기 때문에 자기 갈 길이 바빠요. 아직 완성되지 않은 모습이라 서로 열심히 하고 있어요. 때때로 우리가 어떻게 결혼을 할까, 그런 얘기는 하죠. 하지만 다른 사람들처럼, 일반적인 사람들처럼 결혼을 하고 집은 어디에 마련하고 아이는 몇 명을 낳고, 이런 얘기는 안 해요. 아직 좀 먼 것 같습니다. 주로 서로의 작품에 대한 이야기로 의견을 교환해요. 인생 이야기도 하고….

부모님이든, 주변에서든 사람들이 보통 이렇게 사니까 너도 이렇게 살아야 한다는 시선에 대한 부담은 없나요?

그런 부담을 주는 사람들은 저랑 안 친해요.(웃음) 제 주변은 거의 제가 사는 모습을 부러워해요. 제가 원하는 일을 하는 것에 대해서요. 그게 얼마나 힘든 일인지 그들은 모르지만, 그냥 부러워하고 응원해주죠. 저는 제 나름대로 친구들을 부러워하고, 열심히 살고…. 저희 부모님도 부담은 주지 않기 때문에, 그 부분은 괜찮아요. 부모님이 남자친구 있는지도 모르세요. 그런 건 묻지 않고 저도 얘기 안 하죠. 나이가 있는데 알아서 하겠지, 라고 생각해주시는 것 같아요.

음악 활동에 대해서는 어떤 반응이신가요?

지지도 안 하세요.(웃음) 직장 그만둘 때는 꽤 싸우고 울었어요. 어쨌든 내가 할 일이니까 그만 내버려두라고, 조금 울었어요. 어머니는 그냥 직장 다니면 안 되느냐고, 나중에 어떻게 하려고 그러느냐고 하셨고요. 나는 계속 성실했는데 앞으로도 계속 성실해야 되는 것이냐고 반항했죠. 이 나이에…. 그런데 그러고 나니까 파이팅하라고 말씀해주셨는데, 잘 모르겠어요. 어떤 마음인지.

취업을 하지 않고 음악을 하는 이유는 무엇인가요?

취업을 하면 저를 계발할 시간이 많이 부족해요. 몰두할 시간이 필요한데 그럴 수 없죠. 그래서 지금은 탐색을 하면서 저만의 시간을 갖고 있어요. 이 시간을 거치고 나면 그다음에는 노동 시장에 진입해서 같이 병행할 수 있을 것 같아요. 탐색할 시간이 정말 필요했고, 이제 6개월 정도 지났는데…. 어떻게 돌아가는지 알고 작업을 어떻게 해야 하는지 배웠으니까 병행하기도 조금 수월해질 것 같아요.

시간이 지나면 병행이 가능할 거라고 말씀하셨는데, 그때가 되면 원하는 일자리가 어떤 것일까요?

저는 항상 카페를 하고 싶었어요. 카페에서 음악을 할 수 있으니까요. 그런데 카페는 돈이 많이 드니까 그때야말로 대출을 받아야겠죠.(웃음) 그게 아니라면 다시 이전에 일했던 분야로 돌아가는 게 현실적인 것 같아요. 이제 와서 다른 일은 할 수도 없죠. 잘할 수 있고, 좋아하는 일을 하고 싶어요. 행복하게 살 수 있는 방향으로 살고 싶어요. 전 직장에서 보수적이고 경직된 사람들과 자주 부딪치다 보니까 힘들었어요. 잘 이겨내는 사람도 있는데, 저와는 맞지 않았던 것 같아요. 직업 자체는 굉장히 좋았는데 집단의 성격은 저와 맞지 않았어요.

부모님이 청년이었던 시대와 현재 청년 세대를 비교했을 때 일자리를 구하는 데 어떤 차이가 있다고 생각하나요?

비슷한 것 같아요. 지금이나 그때나.

노동 시장에 필요한 정책은 무엇이라고 생각하세요?

제가 아는 한 사람은 퀵서비스를 하면서 음악을 하는데, 그렇다고 취업을 원하는 것은 아니에요. 그러니까 제가 얘기하고 싶은 부분은 '지원'이에요.

**노동 시장 진입이란 건 취업이잖아요.
그런데 음악을 하면서 병행하는 분들이 많은데,
그렇다고 그들이 정규직 취업을 원하는 것은 아니에요.**

취업이 아니라 음악 활동을 '지원'하는 정책이 필요하다는 이야기이시죠? 취업 활동을 전제로 한 지원이 아니라, 음악인의 생활을 지원하는 정책이요.

네. 여기에서 노동 시장 진입이란 건 취업이잖아요. 그런데 음악을 하면서 병행하는 분들이 많은데, 그렇다고 그들이 정규직 취업을 원하는 것은 아니에요. 오히려 레슨이나 퀵배달을 하거나 학원에서 파트타임 근무를 하면서 자기 작업을 하고 있어요.

청년들의 취업 활동을 강제하는 정책에 반대하시는 거네요. 혹시 서울시의 청년수당 정책을 아세요?

예술 활동 하는 사람들에게 지원을 해주는 제도도 여럿 있어요. 청년수당도 그런 것이잖아요. 예술인복지재단에 신청서를 내면 300만 원을 지원해주는 제도도 있는데, 예술인 증명을 해야 해요. 제 친구도 예술인 증명을 해서 300만 원을 받으려고 했어요. 그런데 갑자기 재작년 소득에 뭔가가 잡혀서 탈락했죠. 너무 현실성이 없어요. 누가 봐도 어려운 친구였는데…. 음악 공부 계속하고 수업 듣고 그런 친구인데도 불구하고 재작년에 소득이 조금 잡혔다고 지원금을 받을 수 없었어요.

지원 정책에 대한 정보는 어디에서 얻나요?

지인을 통해서요. 음악하는 친구들이 어디에 뭐 올라왔으니까 원서 내보라고 알려줘요. 저도 서울문화재단 예술인 지원에 서류를 냈어요. 1차는 붙었는데 2차에서 떨어졌죠. 그런데 2차 심사라는 게 1차 붙은 사람들 열 몇 명을 모아서 투표를 하더라고요. 복불복인 거예요. 기준이 없고…. 5분간 발표를 하고, 내 마음에 든 사람에게 투표하게 했어요. 그렇게 선정하니까, 되면 좋은데 안 되면 이유를 모르겠는 거예요. 사실 예술에는 답이 없는데, 투표를 구성원들에게 맡기는 것도 그렇고요. 그리고 내정자가 있다는 얘기도 나왔어요. 실제로 참가한 사람들을 보면 그런 것은 아닌 것 같은데…. 제가 턱걸이로 떨어졌는지 어떻게 떨어졌는지 알 수 없었어요. 이런 상황에서 모르는 사람들 사이에서 발표하는 게 너무 불편하더라고요.

우리나라는 꼭 둘로 나눠요. 입시생과 취미생. 진짜로 하면 입시생이고 아니면 취미라고 정해버리죠.

예술가들 생활이 힘들죠? 그 사례들을 좀 소개해주세요.

퀵배달 하던 오빠도, 계속 퀵을 하는 이유는 그게 돈이 되니까였어요. 시간에 비해 돈이 되니까 퀵을 하는데, 한 번 사고도 났어요. 거기에 휘말려서 더 어려워지고. 그래서 잠깐 퀵을 쉬다 다시 또 퀵을 하고요. 그것밖에 없으니까요. 퀵을 다시 할 수밖에 없다고 얘기하더라고요. 그 돈을 벌어야 학원비 내고 작업을 할 수 있으니까요. 얼마 전에 연락하니까 잠깐 음악을 취미로 바꿔야 할 것 같다고 말하더라고요. 무슨 말이냐면, 우리나라는 꼭 둘로 나눠요. 입시생과 취미생. 진짜로 하면 입시생이고 아니면 취미라고 정해버리죠. 직장 다니면서 취미로 해라, 이런 식으로요. 취미로 바꿔야 할 것 같다고 말하면 우리는 무슨 말인지 알죠. 그런 구분이 싫어요. 음악을 하면 하는 것인데, 취미로 구분을 하니까…. 잠시 일만 한다고 말하더라고요. 또 음악 학원에서 만난 다른 사람은 무용가였는데, 어느 학교에 방과후로 나가다가 그만 나오라는 통보를 받았다고 해요. 지금은 학원에서 전화도 받고, 별일 다 한다고 하더라고요. 그렇게 일을 하면서 자기 공연을 준비하고, 연습실에서 연습하고…. 나머지 시간에는 알바하고. 프리랜서이기 때문에 하루 종일 밖에 있는 거예요.

이런 경우 자신의 음악이나 예술에 투자하는 시간과 생계를 위해 알바에 투자하는 시간의 비율이 어느 정도일까요?

반반인 것 같아요. 그런데 어떤 때는 일이 더 많을 때도 있고, 공연 잡히면 일이 줄어들 때도 있죠. 어떤 친구는 새벽에 일을 하고 와서 연습하고, 다시 일하고, 연습하고 수업 듣고 그렇게 지내고 있어요. 혹시 예술인복지재단에서 지원하는 예술인 파견 제도를 아세요? (아뇨.) 그곳에서 하는 파견 예술인 사업이 있어요. 거기에 선정되면 6개월 동안 110만 원 정도 지원금이 나와요. 어떻게 지정되는지는 모르는데, 예술인이 기업이나 단체로 나가서 직원들을 대상으로 예술·문화 복지 증진 프로그램을 돌리고, 그 대가로 재단에서 110만 원씩 주는 거예요. 한 친구가 거기에 나가요. 110만 원씩 벌려면 일을 더 많이 해야 하는데, 파견 나간 덕분에 6개월은 조금 수월하게 지낼 수 있다고 해요. 그것도 6개월 지나면 끝이니까 다시 또 고민해야 하지만, 어쨌든 그런 제도는 좋은 것 같아요. 그래서 점점 경쟁률도 높아지고 있어요. 아직 떨어진 사람은 못 봤지만요. 이 제도를 통해서 대기업에서도 파견 예술인을 많이 받아요. 대기업 같은 경우는 사람들이 다 거기에 가겠다고 하죠. 지원자가 몰려서 탈락하면 다음 대기업으로 간다고 했어요.

이야기를 들으면서 든 생각이, 중요한 것은 결국 시간이네요. 이 시간을 확보하기 위해서는 생활비가 필요한데, 그걸 또 다른 방법으로라도 확보해야 하고요. 어느 정도 시간을 들이면 이 일로 생계를 이을 수 있겠다는 생각이 들까요?
저는 5년은 걸릴 거라고 봐요. 이 일로 돈 벌 생각은 이미 접었어요. 왜냐하면 전공자들이나 졸업하고 레슨으로 돈을 벌지, 제가 대단한 음악가가 되지 않는 이상 돈 벌기는 쉽지 않을 것 같아요. 그래도 돈을 벌고 수입을 얻으려면 사람들에게 저에 대한 인식을 심어주어야 하는데 거기에 5년 이상 걸리겠죠.

취업을 하게 되면 음악은 취미로 하게 될까요?
저는 그렇게 구분하지 않아요. 그냥 직장 다니면서 음악 하는 사람이 되는 거겠죠.

보통 사람들이 말하는 주 40시간의 일자리는, 다른 활동을 할 수 있는 시간이 부족하기 때문에 선택하기 어려운 것이죠?
그렇죠. 시간 문제가 가장 커요. 또 한 가지는 직장 안에 있으면 내가 나를 탐색하고 발견하고 음악 씬에서 음악하는 사람들 사이에 완벽하게 밀착될 수 없어요. 그래서 더더욱 음악을 하겠다는 선언이 필요했어요. 시간도 중요했고, 다른 사람이 보기에도 음악이라는 바닥 안에 들어가는, 직장을 그만두고 음악을 하겠다고 선언하는 게 굉장히 큰일이었어요. 그런데 그다음에, 할 만큼 하고 다시 직장으로 돌아가도 그 이후에는 괜찮을 거예요.

주변 관계에 대한 질문을 드릴게요. 직장을 그만두고 음악을 하겠다고 선언했을 때 가족과 친척, 친구들의 반응은 어땠나요?

가족이라면 엄마랑 아빠는 원래 제가 결정하는 대로 맡겨두는 편이세요. 엄마는 걱정 때문에 처음에 조금 반대했던 것이고…. 저는 그건 당연한 반응이라고 생각해요. 친구들이야 잘됐다 멋지다 얘기하지만, 친구는 남이니까 그렇게 말할 수 있는 거죠. 하지만 엄마는 내가 힘들 때 가장 걱정해주는 사람이기 때문에 걱정하는 거라고 생각해요. 언니는 지지해주었어요.

예술은 어떻게 보면 사람들이 동경하고 따라하고 싶어 하는 것 중 하나잖아요. 저는 그래서 좋아진 게 더 많은 것 같아요.

하고 싶은 일들을 위해서 안정된 것들을 미뤄놓은 상황이잖아요. 하지만 친구들 중에는 안정된 일자리에서 일하는 친구도 있고 시간에 따라서 평범하게 승진하게 될 친구들도 있을 거예요. 이런 친구들과 관계가 예전과 똑같이 유지되나요?

예, 똑같아요. (웃음) 대학 동기처럼 지금 활동과 관련 없을 때 만난 친구들은, 친한 친구들은 니가 뭘 하든 응원하고, 너 참 신기하다 이렇게 반응해요. 예술은 어떻게 보면 사람들이 동경하고 따라하고 싶어 하는 것 중 하나잖아요. 저는 그래서 좋아진 게 더 많은 것 같아요. 제가 힘든 것에 비해서 사람들이 폭발적으로 좋아해줘요. 관심이 갑자기 늘었어요. 저는 똑같이 조용히 살고 있는 아이인데, 공연했다고 올리면 여기저기에서 연락이 오고 좋아해줘요. 좋아해주는 것을 보고 오히려 저는 조금 더 좋아진 것 같아요. 응원을 많이 받으니까 더 잘해야겠다는 부담도 생기죠.

청년 예술인 단체에 가입한 적은 없나요?
없어요. 만약에 있으면 하고 싶지만 지금 당장은 제 자신을 만드는 게 먼저예요.

이제 미래에 대한 질문인데요, 노동 시장 진입 후에 하고 싶은 일은 음악이라고 말씀해주신 것으로 정리해도 될까요?
그런데 제가 노동 시장에 진입할 수 있을까요?

카페를 차리는 것도 노동 시장에 들어가는 것이니까요.
카페를 하는 것도, 그 이유가 음악은 길게 봐야 하거든요. 이걸 단시간에 어떻게 하겠다는 생각은 오만인 것 같아요. 그래서 저는 길게 보고 일을 해야겠구나 생각했어요.

마지막 질문, 지금 음악에 몰두하고 있는 시간이 이후에 어떻게 기억될 것 같나요?
진짜 나만을 위해 보낸 시간. 이 시간이 없었으면 저를 제대로 몰랐을 것 같아요. 저를 새롭게 알게 된 시간이요. 한 번밖에 없을 시간. 긍정적이지만은 않아요. 제가 얼마나 미치도록 까다로운 인간

인지 알게 된 아픈 날들이었어요. 그럼에도 불구하고 이 시간이 없었다면 평생 몰랐겠죠. 내가 어떤 식으로 작업을 하고, 얼마나 여린 사람인지. 그래서 이게 얼마나 힘든 일인지. 어떻게 할 수 있을지 알게 되었어요. 나만을 위한 시간을 가졌던 것 같아요. 부모님, 다른 상황, 돈 이런 것들을 다 포기하고, 나만을 위해 결정한 일이니까 가치가 있어요.

청년에게 자신의 미래에 투자하라고 윽박지르지 말자.

투자를 하려면 투자할 자원이 있어야 한다. 그러나 자산이 없다는

바로 그 이유로 투자하기 위한 자원의 축적은 상대적으로

더 요원하다. 투자를 위해 많지 않은 임금의 상당 부분을

저축하고 배를 곯으며 말단의 일들을 하다가 사고를 당하게

된다고 한들 누가 책임을 져주던가? 그렇다고 중동으로

떠나라고 어르지도 말자. 벌에 쏘일 사람이 없어진다고 벌이

사라지는 것은 아니다. 그 벌은 남아 있는 우리 주위를 맴돌다

결국 우리를 쏘고야 만다.

우리는 벌에 쏘였다

저 멀리서 한 남자가 걸어오는데 그 모습이 어딘가 이상하다. 팔을 머리 위로 휘휘 내저으며 계속 앞으로 걷는 모양을 보니 제정신이 아닌 것 같다. 한참을 그렇게 팔을 내저으며 이쪽으로 걸어오더니 탁 하고 자기 목을 친다. 아, 벌에 쏘일까봐 팔을 젓다가 결국 쏘인 거구나. 이제야 남자의 행동이 이해된다. 어쨌든 나와는 관계없는 일이니까…. 대수롭지 않게 여기며 몰래 슬쩍 웃다가 고개를 돌리는데, 아차! 나도 벌에 쏘였다.

위의 단락은 자크 타티 감독의 영화 〈축제의 날〉의 한 장면이다. 나는 이 장면이 지금 우리의 상황을 비유하기에 더없이 적절하다고 느낀다. 많은 노동자들이 일을 하다 다치고 죽어도 그 책임을 노동자 개인에게 전가하는 모습을 반복해서 지켜보았던 우리는, 2016년 5월 28일 서울지하철 구의역에서 스크린도어를

수리하다 생일을 하루 앞두고 사고를 당한 열아홉 살 청년 노동
자의 죽음 앞에서 분노했다. 우리가 분노한 까닭은 그의 나이가
열아홉 살이었기 때문일까? 그의 가방에서 컵라면이 나왔기 때
문일까? 단지 그것만이 이유였다면 이처럼 비통해하고 분노하
지는 않았을 것이다.

　그동안 우리는 '일류기업'에서 일을 하다가 백혈병에 걸리는
이를 보고도, '계속 일하고 싶다'고 싸우다 좌절하여 스스로 목숨
을 끊는 이를 보고도 참 담담했다. 그러다 우리의 미래를 가둔 배
가 바다 밑으로 가라앉는 장면을 생중계로 지켜보게 되었고, 이
번에는 우리가 매일 이용하는 지하철이 또 하나의 미래를 뭉개는
장면을 보았다. 다른 사람들이 벌에 쏘이는 걸 보고도 고개를 돌
리다 결국 내가 쏘인 기분이다. 이제 대체 어떤 벌이 그들을 쏘고
우리도 쏘았는지 분명히 알아야 할 때이다.

　많은 이들이 구의역 스크린도어 사고를 청년의 문제로 보았던
까닭은 피해자가 '하필 우연히 청년'이었기 때문이 아니라 '청년
이기에 당한 일'이라고 생각했기 때문이다. 모기에게 잘 물린다
고 하면 간혹 혈액형이 뭐냐고 묻는 사람들이 있다. 특정 혈액형
이 모기에 더 잘 물린다는 그들의 생각처럼, 청년은 모순이 집약
된 시스템의 희생양이 되기 쉬운 집단이라고 하면 이해가 될까?

'생활'과 '생존' 사이 어딘가

영어 단어 life는 종종 '생활'로 번역된다. 세 가지 색 시리즈로 국내에서도 유명한 거장 키에슬로프스키 감독의 영화〈베로니카의 이중생활〉에서 '이중생활'은 프랑스어로 la double vie, 영어로 the double life를 번역한 것이다. 그렇지만 이때의 life는 '생활'보다는 '목숨', '생명'에 더 가깝다. 아마도 한국어 '생명'과 '생활' 사이에 존재하는 간극이 저쪽 언어에는 없는 모양이다. 그러나 고대 그리스인들은 두 개념을 구분했다. 한국어 생명 또는 목숨에 해당하는 조에(zōé)는 '살아있음'이라는 단순한 사실을, 생활에 해당하는 비오스(bíos)는 어떤 개인이나 집단의 특유한 '삶의 형태나 방식'을 가리켰다.* 고대 세계에서 정치 영역인 폴리스에 포함되지 않았던 단순한 자연 생명인 조에가 국가 권력의 통치 대상이 된 현상, 즉 생명정치(bio-politique)는 푸코가 말년에 천착했던 주제다.** 푸코는 말했다. 과거의 국가 권력은 죽게 만들거나 살게 놔두었지만, 현대의 국가 권력은 살게 만들거나 죽게 놔둔다고.

오늘날 청년들의 삶은 조에와 비오스 가운데 어느 것으로 채워져 있을까? 복지국가 논의에서 익숙한 개념인 탈상품화(decommodification)는 바로 이러한 질문들과 관계가 있다. 노동을 상

---

* 『호모 사케르: 주권 권력과 벌거벗은 생명』(조르조 아감벤, 박진우 옮김, 새물결, 2008) 참조.
** 『생명관리정치의 탄생: 콜레주드프랑스 강의 1978~79년』(미셸 푸코, 오트르망 옮김, 도서출판 난장, 2012) 참조.

품으로 팔지 않더라도 생활할 수 있는, 노동력의 탈상품화가 달성되면 개인의 생존은 당연한 권리가 되고 더 이상 노동을 강요당하지 않을 수 있다.* 이렇게 함으로써 노동은 생활의 내용이자 자원이 될 수 있다. 복지국가 논의에 탈상품화가 등장한 이유는 그것이 복지를 통해 달성 가능하다는 검토와 기대 때문이다.

반대로 나의 생존이 나의 노동에 절실하게 의존하고 있는 상태는 고도의 상품화 상태이다. 내가 살아가는 사회가 노동하지 않으면 죽게 내버려두리라는 너무나 뼈아픈 각성은 '누군가'를 취약하게 만든다. 고도로 상품화된 세계에서 성장하면서 끊임없이 '생존하라!'라는 위협 아닌 위협에 시달려온 한국 사회의 청년들이 바로 그 '누군가'이다.

더 이상 내려갈 곳이 없다

생존하라! 이 짧은 명령이 자신의 노동에 의존한 채로 살아가는 우리 사회의 청년들에게는 너무나 무겁게 다가온다. 48쪽의 **도표1**은 연령별 시간당 정액 급여의 평균값을 나타낸 것이다. 시간당 정액 급여란 월 급여를 월 총 노동시간으로 나눈 것이 아니라, 근로계약할 때 약속한 기본급과 고정적 수당의 합인 정액 급여를 소정(所定) 노동시간으로 나누어 계산한 것이다. 예를 들어

---

* 『복지 자본주의의 세 가지 세계』(G.에스핑앤더슨, 박시종 옮김, 성균관대학교 출판부, 2007) 참조.

주 40시간의 근로계약을 하고 한 달 100만 원을 받는 사람이 어느 주에 초과 근무를 하고 그 대가로 10만 원을 더 벌었더라도 여전히 110만 원이 아닌 100만 원과 주 40시간으로 계산하는 임금이 시간당 정액 급여이다.

현재 근로기준법에는 주 15시간 이상 일하며 만근한 노동자에게는 일주일에 하루씩 유급휴일을 부여하도록 규정되어 있다. 주 5일간 40시간 일을 했다면 임금은 하루치인 8시간을 더해 48시간에 비례하여 받아야 한다. 이렇게 유급휴일에 받는 급여를 주휴수당이라고 하는데, 주휴수당을 고려하여 계산한 경우와 고려하지 않고 계산한 경우에 임금 차이가 발생하게 된다. 주휴수당에 대하여 인지하지 못하고 시간당 임금을 계산하면 실제 시간당 임금보다 과대평가하게 되는데, 평균적으로 주휴수당을 고려하여 계산했을 때보다 15퍼센트 정도 더 높게 계산된다. 즉 주휴수당을 계산하여 15퍼센트 낮게 도출된 시간당 정액 급여가 실제 노동으로 받는 대가에 더 가까운 것이다.*

도표1을 보면, 주휴수당을 넣든 안 넣든 우리 사회 임금 구조의 가장 아래쪽을 받치고 있는 집단은 나이 어린 청년임을 알 수 있다. 55세를 지나면 이 임금 곡선은 급격히 하락하는 듯 보이지만, 고령자의 임금이 아무리 낮아도 평균적으로는 청년의 임금보다 높다.

---

* 여기에서 '가깝다'고 표현한 이유는 임금의 각 수당마다 정액 급여에 포함되는지 여부가 다른데, 대개의 임금 통계 자료에서는 구체적으로 구분되지 않기 때문이다.

1. 연령별 시간당 정액 급여

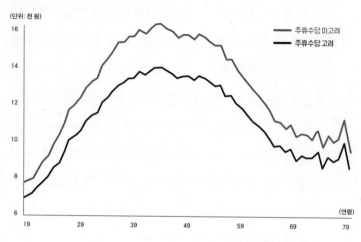

(단위: 천 원)

주류수당 미고려
주류수당 고려

(연령)

고용노동부, 고용형태별 근로실태조사 2015년 원자료

2. 청년과 노인의 로그 임금 구조

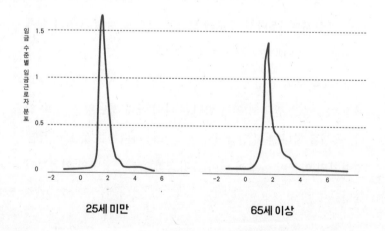

임금 수준별 임금근로자 분포

25세 미만

65세 이상

고용노동부, 고용형태별 근로실태조사 2015년 원자료

한국은 OECD 국가 중에서 노인 빈곤이 가장 심각한 나라인데, 그래프는 청년들의 삶이 노인 세대보다도 더 팍팍하다고 말하고 있다. 청년들의 눈이 높은 게 문제이니 눈을 낮춰 취업문을 두드리라는 주장도 있지만, 이미 바닥인데 얼마나 더 낮추란 말인가?

생애주기별 임금 구조

65세 이상 노인에 비해 25세 미만 청년의 평균 임금 수준이 낮게 나타나는 이유는 **도표2**에서 보듯이 노인의 임금 구조 폭이 더 넓게 형성되기 때문이다. 25세 미만 임금근로자의 임금은 중심에 몰려 있는 반면, 65세 이상 임금근로자의 임금은 더 넓게 퍼져 있다. 다시 말해 노인 중에는 상대적으로 높은 임금을 받는 사람들도 제법 있지만 청년들은 너나할 것 없이 낮은 수준에 쏠려 있다.

25세 미만의 청년 노동자들이 주로 종사하는 일자리는 65세 이상 노인 노동자들이 주로 종사하는 일자리와 상당히 다르다. 다음 장에 나오는 **도표3**과 **도표4**는 청년과 노인의 일자리를 행으로 나열된 산업(업종)과 열로 나열된 직업(직종)을 교차시켜서 구체적으로 드러낸 것이다. 그 내용은 우리의 상식과 크게 다르지 않다. 노인 노동자는 단순노무직에 심각하게 편중되어 있고, 청년 노동자는 서비스직, 특히 숙박음식점업에 집중되어 있다. 그

3. 청년 일자리 지도

	관리자	전문가 및 관련 종사자	사무 종사자	서비스 종사자	판매 종사자	농림어업 숙련 종사자	기능원 및 관련 기능 종사자	장치기계조작 및 조립종사자	단순노무 종사자	전체
농림어업	0	0.01	0.02	0	0	0.03	0	0.01	0.03	0.1
광업	0	0	0.01	0	0	0	0	0	0	0.01
제조업	0.02	1.68	2.91	0.05	0.22	0.05	1.58	7.97	1.54	16
전기가스수도	0	0.03	0.06	0	0	0	0.02	0.07	0	0.18
하수폐기물환경	0	0.01	0.04	0	0	0	0	0.02	0.02	0.09
건설업	0.01	0.23	0.5	0	0.05	0	0.94	0.08	0.49	2.3
도소매업	0	0.57	2.43	0.37	9.08	0	0.31	0.38	2.88	16.01
운수업	0	0.07	0.68	0.17	0.05	0	0.02	0.13	0.32	1.45
숙박음식점업	0	0.16	0.4	15.52	4.29	0	0.31	0.1	6.14	26.92
출판영상통신업	0	1.12	0.75	0.07	1.2	0	0.05	0.02	0.35	3.57
금융보험업	0	0.07	1.57	0.03	0.16	0	0	0	0.03	1.86
부동산임대업	0	0.02	0.32	0.07	0.08	0	0	0.02	0.04	0.54
전문과학기술서비스업	0	1.44	1.58	0.1	0.21	0	0.04	0.12	0.03	3.52
사업서비스업	0	0.42	2.2	0.59	0.45	0.02	0.13	0.35	0.4	4.56
교육서비스업	0	3.74	1.63	0.03	0.02	0	0	0	0.04	5.46
보건사회복지	0	7.71	0.92	0.59	0.02	0.03	0.01	0.02	0.12	9.42
예술스포츠	0	0.51	0.53	2.19	0.45	0.02	0	0	0.21	3.92
협회단체개인서비스업	0	0.27	0.45	2.88	0.09	0	0.21	0.03	0.16	4.09
전체	0.03	18.06	16.99	22.65	16.36	0.14	3.63	9.32	12.82	100

고용노동부, 고용형태별근로실태조사 2015년 원자료

4. 노인 일자리 지도

	관리자	전문가 및 관련 종사자	사무 종사자	서비스 종사자	판매 종사자	농림어업 숙련 종사자	기능원 및 관련 기능 종사자	장치기계조작 및 조립종사자	단순노무 종사자	전체
농림어업	0	0.02	0.03	0.01	0	0.15	0.03	0.05	0.28	0.57
광업	0.01	0.01	0.04	0.01	0	0	0.04	0.05	0.02	0.18
제조업	0.51	0.31	2.16	0.2	0.4	0.07	2.11	3.77	2.88	12.41
전기가스수도	0	0	0.01	0	0	0	0	0	0.02	0.05
하수폐기물환경	0.02	0.04	0.1	0	0.02	0.01	0.01	0.16	0.33	0.68
건설업	0.14	0.82	0.86	0	0.13	0.15	3.66	0.22	2.84	8.82
도소매업	0.14	0.71	1.76	0.05	2.66	0.01	0.5	0.18	2.79	8.8
운수업	0.16	0.45	0.99	0.06	0.12	0	0.14	3.25	1.26	6.41
숙박음식점업	0.03	0.02	0.2	2.05	0.04	0.01	0.03	0.03	3.03	5.44
출판영상통신업	0.02	0.16	0.19	0	0.04	0	0.02	0.02	0.16	0.6
금융보험업	0.06	0.02	0.13	0	1.09	0	0	0	0.07	1.38
부동산임대업	0.06	0.2	1.29	0.02	0.02	0	0.38	0.63	19.55	22.15
전문과학기술서비스업	0.06	1.8	1	0.02	0	0.03	0.14	0.12	0.09	3.27
사업서비스업	0.11	0.27	1.3	1.15	0.15	0.43	0.22	0.48	4.62	8.73
교육서비스업	0.07	1.08	0.32	0.08	0.01	0	0.02	0.42	0.83	2.83
보건사회복지	0.07	1.81	0.42	2.17	0.1	0.02	0.22	0.6	4.91	10.32
예술스포츠	0.03	0.05	0.13	0.14	0.02	0.15	0.05	0.04	0.93	1.54
협회단체개인서비스업	0.03	0.97	1.06	1.88	0.07	0	0.14	0.31	1.36	5.82
전체	1.52	8.76	11.99	7.83	4.86	0.14	7.71	10.31	45.97	100

고용노동부, 고용형태별근로실태조사 2015년 원자료

5. 일자리 임금 지도 (전체 평균 대비 비율)

	관리자	전문가 및 관련종사자	사무종사자	서비스종사자	판매종사자	농림어업 숙련종사자	기능원 및 관련 기능종사자	장치기계조작 및 조립종사자	단순노무종사자	전체평균
농림어업	322	123	183	79	91	98	144	73	100	105
광업	990	185	225	83	178		120	120	74	173
제조업	384	174	173	83	133	78	83	94	82	118
전기가스수도	427	276	207	88	78	83	135	154	83	145
하수폐기물환경	313	93	168		124	85	122	107	84	109
건설업	357	97	144	192	127	133	151	110	132	141
도소매업	604	152	188	95	103	78	142	99	78	126
운수업	343	164	137	103	88	66	107	79	72	100
숙박음식점업	440	82	90	75	59		77	97	70	75
출판영상통신업	192	145	149		67		103	92	75	122
금융보험업	262	96	139		162			156	69	158
부동산임대업	346	105	111	53	90	83	77	77	58	63
전문과학기술서비스업	446	123	117	66	63	80	107	87	99	124
사업서비스업	365	130	134	105	87	115	126	71	71	94
교육서비스업	326	327	108	113	77	73	94	103	84	189
보건사회복지	351	149	91	71	52	78	75	93	64	85
예술스포츠	352	132	97	66	58	65	94	82	66	78
협회단체개인서비스업	412	96	92	92	63		73	75	76	89
전체평균	388	155	140	83	116	102	121	87	70	100

런데 52쪽의 **도표5**를 보면 바로 이 두 직종의 임금 수준이 가장 열악하다는 것을 알 수 있다. 즉 서비스직이나 단순노무직이 임금 구조의 가장 밑바닥을 받치고 있는 것이다. 두 일자리의 공통점은 숙련이 필요하지 않아서 다른 노동력으로 쉽게 대체할 수 있다고 '여겨지는' 점이고, 차이점은 구매자 입장에서 서비스직이 가시적인 노동이라면 단순노무직은 대개 비가시적이라는 점이다. 그리고 이 경우에 청년의 젊음은 곧 그들의 저숙련도를 뜻하는 것이 된다.

임금 구조의 가장 밑바닥을 받치고 있는 청년들이 노동 시장에 참여하여 얻고자 하는 바는 무엇일까? 청년들이 자신의 노동에서 인간다운 삶, 생활이 더 나아질 가능성을 기대하지 않게 된다면 '무조건 도전하라', '일단 눈을 낮추고 취직하라'라는 조언을 한들 소용이 없을 것이다. 그렇게 된다면 차라리 노동 시장 바깥에 남는 선택이 청년 당사자들에게 합리적일 수 있다. 어차피 일을 해도 현재의 상황이 나아질 것이라는 기대가 없다면, 부모님으로부터 적게나마 용돈을 받아 취업준비생인 채로 생활하는 게 합리적일 수도 있다는 얘기다. 청년들이 자신의 노동으로 얻는 대가는 단지 생존하는 것 이상이어야 하고, 더 나은 생활을 꿈꾸기에 충분해야 한다. 그러나 혹시 우리 사회는 인간적인 생활에 대한 청년들의 꿈을 이용만 하고 있는 것은 아닐까?

55쪽의 **도표6**을 보면 1인 가구 취업자들의 근로소득과 소비지출의 연령별 차이가 드러난다. 먼저 근로소득과 소비지출 모두

30대에 들어서면 높아지고 50대를 지나면서 점차 낮아진다. 눈에 띄는 차이는 소비지출은 근로소득 변화에 비해 상대적으로 평탄하게 유지된다는 점이다. 근로소득은 20대 중후반 이후 급격히 높아지고 50대를 지나며 급격히 감소하지만 소비지출의 변동 폭은 훨씬 적다. 따라서 20대 초반까지와 60세 이후에는 취업 활동을 통해 버는 소득 외 다른 소득원이 없다면 만성 적자 상태에서 생활하게 된다. 나의 노동으로부터 얻은 소득이 유일한 소득원일 가능성은 청년층과 고령층 가운데 누구에게 더 높을까?

소득과 소비의 생애주기적 차이점에 대한 경제학의 설명은 모든 개인들이 자신의 예상 소득을 생애에 걸쳐 배분할 수 있을 정도로 충분히 '합리적'이라는 가정에 기대고 있다. 합리적인 개인들은 소득 그래프가 포물선의 형태가 되리라고, 즉 청년기의 근로소득은 낮아도 중장년기에는 높아질 것이며 다시 노년기에 들어서 낮아질 것이라고 예상한다. 그러므로 청년기에는 자신의 근로소득으로 소비지출을 모두 감당할 수 없으므로 부채를 지게 되지만, 중장년기가 되면 청년기의 부채를 갚고도 남을 근로소득을 벌게 되고 또 남은 돈으로 노년기를 대비한다는 것이다. 따라서 청년기의 초과 소비 성향은 중장년기의 높은 기대소득에서 비롯하는 것이라는 뜻이다. 그러나 계속된 경기 침체와 갈수록 악화되는 청년 세대의 경제 지표 앞에서 경제학의 합리성은 점점 더 설득력을 상실해가고 있다.

6. 1인 가구 취업자의 연령별 근로소득과 소비지출

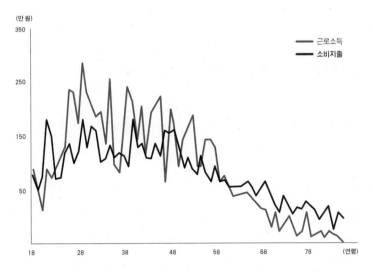

통계청, 가계동향조사 2015년 원자료

7. 소비지출 항목별 비중

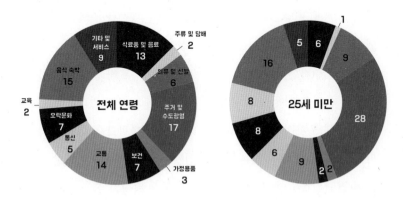

통계청, 가계동향조사 2015년 원자료

생존의 벽은 높기만 한데

55쪽의 **도표7**을 보자. 25세 미만 청년 노동자들의 소비지출 중 가장 큰 비중을 차지하는 항목은 '주거 및 수도광열비'로, 전체 연령의 17퍼센트와 비교할 때 현저히 높은 28퍼센트 수준이다. 청년들이 더 좋은 집에 살고자 하기 때문일까? 그렇지 않다. 좋은 집에 살기 위해서는 충분한 자산이 있어야 한다. 하지만 자산이 없는 청년들은 같은 수준의 경상소득이 있다 하더라도 주거비에 더 많은 비용을 지불해야만 한다. 일례로, 같은 건물의 크기와 구조가 똑같은 방에 세 들어 사는 두 사람이 있다고 가정해보자. 이 두 사람이 매달 집주인에게 송금하는 월세는 다를 수 있다. 보증금을 더 많이 낸 사람은 매달 더 적은 월세를 지불한다. 반면 보증금을 더 적게 낸 사람은 매달 더 많은 돈을 월세로 지불해야 한다. 이처럼 축적된 자본도 적고 노동을 통해 벌어들이는 소득도 적은 청년 세대는 사회에 첫 발을 내딛는 순간부터 '집'이라는 커다란 벽에 부딪힌다. 그리고 연애와 결혼, 임신과 출산이라는 단계를 거쳐 나갈 때마다 그 벽은 점점 더 높아져만 간다.

청년에게 자신의 미래에 투자하라고 윽박지르지 말자. 투자를 하려면 투자할 자원이 있어야 한다. 그러나 자산이 없다는 바로 그 이유로 투자하기 위한 자원의 축적은 상대적으로 더 요원하다. 투자를 위해 많지 않은 임금의 상당 부분을 저축하고 배를 곯으며 말단의 일들을 하다가 사고를 당하게 된다고 한들 누가 책임을 져주던가? 그렇다고 중동으로 떠나라고 어르지도 말자. 벌에 쏘일 사람이 없어진다고 벌이 사라지는 것은 아니다. 그 벌은 남아 있는 우리 주위를 맴돌다 결국 우리를 쏘고야 만다. 청년에게 지금 필요한 것은 생활을 돌려주고 꿈을 꾸게 하는 공동체의 투자이다. 꿈은 생존이 아닌 생활 속에 있다.

2

즐겁지 않은 나의 집

1인 가구의 애환

우리만의 답안지

김 혜 리
32세
프리랜서 디자이너

김 진 회
27세
시민단체 활동가

프리랜서 디자이너 김혜리 씨와 토닥협동조합의 이사장 김진회 씨는 결혼식을
한 달 앞둔 예비 부부다. 두 사람은 30대 초반과 20대 후반의 청년으로, 결혼 후 귀촌
· 귀농을 결심하고 구체적인 계획도 세운 상태다. 현재는 귀촌 예정지에 매달 한 번씩
가서 농사를 배우고 있고, 프랑스로 친환경 농사 체험도 다녀올 예정이다. 이 부부의
만남과 결혼 준비, 그리고 생애 설계 과정은 청년 개개인이 겪고 있는 문제가 바로 청
년 세대 전체의 문제라는 사실을 보여주는 동시에 청년 문제 해결안의 실마리를 제공
해준다.

김혜리 씨는 집안의 첫째로 태어나 부모님의 적극적인 지원을 받으며 순수미술
을 전공했다. 졸업 후 전공과 관련 있는 직장에서 근무했지만 적성에 맞지 않았다. 첫
직장을 퇴사하고 가방 디자이너로서 창업하고자 국가에서 지원하는 창업지원센터
에도 들어갔지만 예상보다 큰 비용을 감당하기 어려워 중간에 사업을 정리했다. 이
후 청년허브 같은 청년 단체에서 다양한 사람을 만나며 삶의 가치관에 대해 고민하는

시간을 가졌다. 현재는 당시 활동을 통해 연결된 비영리단체 및 사회적기업의 홍보물을 만들며 프리랜서 디자이너로 일하고 있다. 혜리 씨는 학업을 마치고 겪었던 변화를 통해서 부모님의 기대와 사회적 기준에 부응하고자 노력하는 삶 이외에도 다양한 길이 있음을 깨달았다고 말한다.

김진회 씨는 강원도 강릉 출신으로 혜리 씨에 비해 자유로운 분위기에서 성장했다. 수도권 소재 대학의 물리학과에 진학했지만 졸업한 선배들이 대기업에 취업하며 얻은 소위 '성공한 삶'이 행복해 보이지 않았다. 그는 나답게 살 수 있는 방법에 대한 고민을 품은 채 대학교 2학년을 마치고 군대에 갔으며, 복무를 마친 뒤 학교에 돌아가는 대신 청년허브에 조직원으로 참여하기 시작했다. 그러다 3년 전에 혁신활동가로 채용되어 직원으로 일하게 된 진회 씨는 대학 졸업장이 자신의 삶에 미치는 영향이 크지 않다고 판단해 중퇴했다. 지금은 토닥협동조합 이사장으로 활발한 활동을 이어가고 있다.

이 부부에게 연애는 결혼의 전 단계, 의무적으로 거쳐 가는 단계가 아니라 장기적인 삶의 가치관과 일상을 천천히 공유해나가는 시간이었다.

> "제가 요즘에 정말 백수가 세상을 바꿀 수 있다고 생각하거든요.
> 취업 준비에만 매진하고 전전긍긍하면서 사는 백수도 있지만,
> 반대로 그런 상황과 시간에 쫓기지 않는 백수들도 있어요.
> 그런 사람들이 늘어나야 이것저것 해볼 수 있는 일이 많아질 것 같아요."

혜리 씨의 말처럼 이들은 청년 세대가 마주한 고민을 직시할 뿐 아니라 비슷한 처지의 청년들과 교류하며 적극적으로 해결책을 찾으려고 노력했다. 다시 말해서 객관식으로 주어진 답안지에서 고민의 해결법을 찾은 것이 아니라 시간과 여유를 갖고 세심하고 면밀하게 '우리만의 답안지'를 써나가고 있는 것이다.

현재 자신에 대해서 이야기해주세요.

진회 저는 토닥협동조합에서 일하고 있는 김진회입니다. 강원도 강릉 출신인데 대학에 입학하면서 수도권으로 올라왔고, 현재는 학교를 그만두고 일을 하고 있습니다. 지금 결혼을 준비하면서 아내 될 사람과 함께 살고 있습니다. 그리고 앞으로는 둘이 시골로 내려가서 사는 생활을 준비하고 있습니다.

이곳에서 다양한 사람들을 만나면서 내가 여태껏 살아왔던 길뿐 아니라, 그리고 우리 부모님이 살아왔던 길뿐만 아니라 여러 가지 다른 길이 있다는 것을 알게 되었고, 그때부터 대안을 찾기 시작했어요.

시골 생활이라면 귀농인가요 귀촌인가요?

진회 귀농을 준비 중입니다. 귀농과 귀촌의 경계가, 귀촌은 시골에서 살지만 농사짓지 않는 것이고 귀농은 전원농을 생업으로 삼는 거잖아요. 그런데 저희 경우는 반반이에요. 내려가서 무조건 농사는 지을 것인데, 그 농산물을 판매해서 생계를 유지하는 것이 아니라 자급자족형으로 생활하려고 합니다. 농사는 저희에게 필요한 것들만 조금 짓고, 다른 데서도 부수입을 얻을 수 있는 생활을 계획하고 있어요.

혜리 저는 김혜리입니다. 지금은 프리랜서 디자이너로 집에서 혼자 일을 하고 있어요. 작년부터 청년허브 조합에 가입해서 활동도 열심히 하고 있습니다. 사실 그 전까지는 그냥 돈을 많이 벌고 싶다는 생각으로, 창업센터에 들어가서 창업도 해봤어요. 그러다 청년허브라는 공간을 알게 되면서 인생이 바뀐 것 같아요. 가치관도 많이 달라졌죠. 이곳에서 다양한 사람들을 만나면서 내가 여태껏 살아왔던 길뿐 아니라, 그리고 우리 부모님이 살아왔던 길뿐만 아니라 여러 가지 다른 길이 있다는 것을 알게 되었고, 그때부터 대안을 찾기 시작했어요. 청년연대은행에도 가입하고, 조합원이 되고 또 귀농까지 생각하게 되었죠. 많은 변화가 있었던 것 같아요. 지금은 달라진 가치관을 삶에서 실천하는 과정입니다.

그럼 두 분은 토닥에서 만난 건가요?

진희&혜리 네.

나이는 어떻게 되나요?

진희 네, 저는 스물일곱입니다.

혜리 저는 서른둘이요.

거주 형태는요?

진희 SH에서 전세임대를 받았습니다.

혜리 신혼부부 전세임대 제도요.

전세금 대출을 받을 수 있는 제도죠?

진희 네. 민간 주택에 전세 계약을 하면서 SH에서 지원하는 전세자금 대출을 받았습니다. 그 이자가 2퍼센트로, 매달 10만 원 정도 내고 있어요. 관리비는 따로 집주인에게 3만 원을 내고 있습니다.

전체 생활비는 어느 정도인가요?

진희 약 120만 원 정도입니다.

저축도 하고 있나요?

진희 실은 SH에서 받은 대출금 외에도 집을 구할 때 토닥에서 추가로 빌린 돈이 있어요. 전세임대라도 본인 부담금이 있잖아요. 토닥에서 받은 대출을 매달 30만 원씩 상환하고 있죠. 그게 다음 달에 끝나는데, 그렇게 되면 30만 원 정도 더 저축을 할 수 있을 것 같습니다. 지금은 매달 수입이 일정하지 않아서 20만 원에서 30만 원 정도, 형편이 닿는 대로 저축하고 있어요.

수입이 일정하지 않은 이유가 있나요?

진희 저는 월급을 받지만….

혜리 제가 프리랜서로 일을 하고 있거든요.

대출 이자와 관리비 등 주거 목적으로 발생하는 비용 말고, 식비·교통비·세금 등 생활하는 데 드는 비용이 120만 원 정도인 거죠?

진희 그 정도 되는 것 같은데 정확하지는 않아요. 가계부를 결산해보지 않았거든요. 기록은 하고 있는데 아직 결산을 못했습니다.

식비를 알려주실 수 있을까요?

진희 식비로 한 달에 한 40만 원 정도 쓰는 것 같아요. 그런데 조금 애매한 부분도 있어요. 저희 생활비에는 둘이 공동으로 쓰는 비용도 있고, 두 사람이 용돈처럼 개인적으로 사용하는 비용도 있어요. 친구 만나서 쓰는 비용은 개인 돈에서 지출하고 집에서 먹는 건 공동생활비에서 나오죠. 또 둘이 데이트할 때도 공동생활비에서 나가고요. 그래서 식비가 애매하긴 한데, 어쨌든 한 40만 원 정도 되는 것 같습니다.

교통비는 어느 정도인가요? 각자 따로 쓰나요?
혜리 네, 그건 각자 쓰죠. 저는 5만 원 정도요.
진희 저는 한 달에 10만 원 정도 써요. 일단 출퇴근만 8만 원은 나와요.

서울에서 지하철을 이용하는데도 그런가요? 토닥 사무실은 어디에 있나요?
진희 동작구 대방동에 있습니다. 하루에 왕복 3,000원은 들잖아요. 그렇게 한 달에 22일 출근하면, 그것만 해도 7만 원 정도죠. 여기에 더해서 업무 때문에 이곳저곳 외근을 나가야 하고요. 때로 주말에 나가는 일도 있어요.

공과금은 어떤가요? 전기 요금이나 가스 요금 같은 비용 말이에요.
진희 전기세는 한 달에 7,000원 나오는 것 같고, 가스는 아직 겨울을 안 지내서…. 여름에는 별로 안 나와요. 만 원 이하죠. 인터넷 요금이 2만 원 나오고, 수도 요금은 두 달에 한 번씩 나오는데 건물 전체에 부과된 비용을 가구마다 인원대로 나눠서 알려줘요. 그런데 이 부분이 집주인 마음이에요. 빌라 주인이 수도세를 넣을 수도 있고 안 넣을 수도 있죠.

혜리 윗집이랑 다를 수도 있고요.

진희 저희도 처음에는 관리비로 5만 원을 내라고 했어요.

혜리 관리비 항목이 계단 청소, 복도 청소, 그리고 정화조 청소였죠. 정화조 청소는 실제로 1년에 한 번 하는데, 매달 관리비에 포함되어 있었어요.

진희 그런데 실제로 정화조 관리 비용은 얼마 안 되거든요, 1년에 한 번 하니까요.

생활하면서 첫 번째로 목돈이 필요했던 일이 전세보증금이었죠? 얼마 정도 들어갔나요?

진희 토닥에서 대출 받은 300만 원을 포함한 800만 원에, SH에서 지원받은 게 5,200만 원이에요.

나중에 전세 계약이 끝나면 가져가는 것이죠?

진희 그렇죠. 집주인한테 받아 가요.

결혼 준비 비용 같은 것은 어떤가요?

진희 거기에도 돈이 계속 들고 있어요.

결혼을 준비하면서 지금까지 얼마 정도를 사용했나요?

혜리 인테리어 비용으로 500만 원 들었어요.

집 인테리어 비용만요?

진희 냉장고 등 가전제품 구입을 포함해서요. 냉장고가 좀 비쌌어요.

혜리 침구나 식기 등까지 포함해서 지금까지 500만 원 정도 들었는데, 앞으로 더 들어가겠죠. 예물이랑 결혼식장이랑….

결혼을 성당에서 할 예정이죠?

혜리 예, 그럴 계획이에요.

진희 장모님께서 독실한 신자세요. 대관료 자체는 한 60만 원 정도였던 것 같아요.

초대할 사람은 몇 명 정도 계획하나요?

진희 처가댁 손님이 많을 거예요. 아버님이 직장을 오래 다니셨어요. 어머님은 성당에서 지역장 같은 걸 하고 계세요.

그럼 성당 사람들이 다 오나요?

진희 네, 다 오세요. 저희도 나중에 축의금을 내야겠죠.

둘의 성향을 보면 작은 결혼식을 할 수도 있었을 것 같은데, 부모님의 기대를 저버릴 수 없었던 건가요?

진희 맞아요. 저희끼리 저희 돈으로 했으면 전혀 다른 결혼식을 했을 거예요.

지금 결혼식 비용은 부모님께서 내주시나요?

진희 결혼식을 부모님이 원하시는 대로 성당에서 하기로 양보했고,

그러다 보니까 자연스럽게 장모님이랑 장인어른께서 결혼식 비용을 많이 부담하고 계세요. 가전제품 등도 많이 사주셨고요.

드레스나 화장 같은 것은요?

진희 아직 못 정했어요.

혜리 상담하고 있는데, 그 비용도 100만 원 추가되겠네요.

진희 그리고 결혼식 당일에도 사진 촬영을 해야 하잖아요. 그것도 성당에서 연결해준 업체에서 해야 한다고 하더라고요.

신혼여행은 어디로 가나요?

혜리 프랑스로 가요. 거기에 사촌언니가 살고 있어요. 2주 가는데, 비행기 표는 비수기여서 120만 원 정도 들었어요. 1주일은 프랑스 농장에서 일손을 거들면 숙식을 제공해주는 프로그램이 있거든요. 그걸 신청했어요.

진희 프랑스의 친환경 농사도 궁금하고 비용이 절감되기도 하고요. 5일 정도는 사촌 집에 머물면서 파리 구경도 하려고요. 파리 근교에 살고 있거든요. 저희가 한국이나 일본의 친환경 농사 사례는 많이 듣고 있는데, 유럽은 친환경 농사를 어떻게 하고 있는지 궁금했어요.

대출을 추가적으로 받을 계획은 혹시 있나요?

진희 없습니다.

일단은 그냥 빨리 돈을 벌고 싶어서 취업을 했던 것이죠.
그런데 오래 있을 곳은 아니었어요.
이후에 창업을 준비할 때는 잘 모르고 덤볐던 것 같아요.

두 사람이 지금 하고 있는 일을 선택한 이유가 무엇인가요? 혜리 씨는 원래 디자이너로 취업이나 창업 활동을 하다가 잘 안 된 건가요? 아니면 들어갔더니 마음에 맞지 않았던 것인가요? 그러니까 자의와 타의로 구분을 한다면 어느 쪽이었어요?

혜리 사실 취업은 전혀 다른 쪽으로 했었어요. 제가 순수미술을 전공해서 그것과 관련된 일을 했는데, 일단은 그냥 빨리 돈을 벌고 싶어서 취업을 했던 것이죠. 그런데 오래 있을 곳은 아니었어요. 그 분야에 뜻이 있었던 것도 아니어서 금방 나왔고, 이후에 창업을 준비할 때는 잘 모르고 덤볐던 것 같아요.

창업을 할 때 조언을 받을 수 있는 기관이 있잖아요. 그런 곳으로부터 도움을 받았나요?

혜리 네, 맞아요. 마포구에 창업센터가 있어요. 저도 그곳에 입주했죠. 그때는 가방을 만들고 싶어서 가방 제작 회사를 준비했는데, 진짜 아무것도 모르고 계획서만 들고 갔는데 합격이 된 거예요. 그런데 막상 하려고 보니까 자금이 너무 많이 필요했어요. 진짜 몇 천만 원 필요했는데, 저는 돈 없이 하려다가 실패했죠.

정보가 부족한 상태에서 의지만으로 도전했던 거네요. 그런 부족한 부분을 해결하기 위해서 센터에 들어갔던 거잖아요.

혜리 준비가 부족했던 부분도 있었고, 또 하다 보니 이게 정말 내 길이 맞나 싶더라고요. 다른 사업하는 사람들을 만나고 이야기 나눠봤을 때 좀 다르다는 생각이 들었어요. 내가 원하는 길이 정말 이런 것일까? 또 고민이 시작된 것이죠.

지금 일은 외주 디자인 작업을 하는 건가요?

헤리 네, 주로 비영리단체나 사회적기업의 홍보물을 만들고 있어요. 지인들을 통해서 일을 받고 있죠. 처음에는 단지 할 수 있는 일이어서 시작했는데, 지금은 나중에 거처를 옮기게 되더라도 계속 할 수 있는 일이라는 생각이 들어요.

진회 씨는 토닥이 첫 직장인가요?

진회 네, 거의 그렇다고 봐야죠.

내가 뭘 하고 싶은지 잘 모르지만, 아무 일이나 하는 것보다는 내가 하고 있는 일 중에서, 내가 좋아서 하고 있던 일 중에서 하나를 직업으로 해보는 건 어떨까 생각하게 되었죠.

어떻게 여기에서 일을 하겠다고 마음먹게 되었나요? 왜냐하면 조합원으로 활동하는 것과 직업으로 삼는 것은 완전 다른 일이잖아요?

진회 사실 처음에는 가벼운 마음으로 시작했어요. 대학에서 물리학을 전공하고 있었는데 불확실한 미래가 걱정되었죠. 물리학이 내 적성에 맞을까, 이걸로 내가 돈을 벌며 먹고 살 수 있을까, 이런 문제부터 시작해서요. 졸업한 선배들을 봐도 그랬어요. 그들의 삶을 보면 잘됐다고 하는 게 보통 삼성이나 이런 대기업에 취직하는 것인데, 그렇게 살고 있는 선배들의 삶이 별로 행복해 보이지 않았어요. 내가 살고 싶은 삶이 전혀 아니었고, 저렇게 살 수 있을까 하는 고민을 많이 하게 되었어요. 그래서 일단 2학년을 마치고 군대를 다녀왔고, 갔다 와서도 고민이 해결되지 않아서 휴학을 1년 했죠. 그때부터는 학교를 그만둔다면 뭘 해서 먹고 살 것인가, 나는 뭘 할 수 있고 뭘 하고 싶은가 등을 고민했어요. 처음에는 출판편집도 잠깐 공부했고, 그러다가 뉴스 기사로만 보고 마음으로만 응원하던 청년유니온에도 가입하고, 토닥 조합원도 되었죠. 출판편집이나 다른 일도 직업으로 삼아야겠다는 확신은 들지 않았어요. 그러던 때에 청년일자리허브에서 일하는 혁신활동가를 토닥이 받고 있었는데 중간에 그만둔 사람이 생겨서 자리가 났어요. 저도 이건 그냥 조합원 활동이지 직업으로 해야겠다는 생각까지는 없었는데, 그때 되니까 조합원으로 활동하는 것과 직업으로 삼아서 활동가로 일하는 건 어떻게 다른지 궁금해졌어요. 내가 뭘 하고 싶은지 잘 모르지만, 아무 일이나 하는 것보다는 내가 하고 있는 일 중에서, 내가 좋아서 하고 있던 일 중에서 하나를 직업으로 해보는 건 어떨까 생각하게 되었죠. 마침 결원이 생겼던 자리는 업무 기간이 9월에서 12월까지 4개월간이었어요. 한 번 경험해보고 아니면 이듬해에 복학을 할 수도 있는 조건이라 가볍게 시작했는데…. 2013년부터 지금까지 쭉 하고 있네요.

귀농이나 귀촌의 시점을 고민하고 계실 것 같은데, 언제로 예상하나요?
진희 저희는 빠르면 내년을 생각하고 있어요.

장소는 어디인가요?

진희 강원도 홍천입니다.

혜리 거기에서 친환경 농사를 배우고 있어요. 그래서 한 달에 한 번씩 가요.

진희 자연농이라는 농법을 한국에 처음으로 소개했고, 본인도 계속 실천하면서 농사짓고 있는 분이 계세요. 그분도 반은 농부고 반은 작가거든요. 일본 도서 번역도 하고 자기가 책을 쓰기도 하고 그러는데, 한 달에 한 번씩 불러서 농사짓는 법을 알려주시죠.

멘토가 생겼네요.

혜리 네, 멘토 역할이죠.

진희 그분과 그분 따라서 작년에 귀농한 또 다른 분, 이렇게 두 분이 많이 알아봐주고 계세요.

커뮤니티가 있으면 든직할 것 같아요. 처음에는 두셋이지만 열 가구가 되고, 또 다른 커뮤니티가 만들어지면 거기에서 또 토닥 같은 협동조합을 만들 수도 있겠죠. 지금 당장 소득이 증가한다면, 가장 먼저 어디에 쓰고 싶어요?

혜리 저금을 할 것 같아요. 지금은 결혼준비 때문에 저금을 전혀 못하고 있거든요.

진희 귀농 준비도 같이 하느라 더 그렇죠.

시골 생활이 더 어려울 수도 있어요. 집도 사야 하고 땅도 사야 하고, 기계는 공유하더라도 자연농에 필요한 제반 비용이 클 것 같은데 어떤 부분이 힘든가요?

진희 땅과 집이 가장 문제이긴 하죠. 그런데 그 외에는 자연농이라

감당할 수 있어요. 전업농이라면 정말 빚지고 시작할 수밖에 없는 구조거든요. 농기계, 트랙터 등이 엄청 비싸고 온갖 비료 등을 사서 나중에 1년치 농사지은 다음에 갚는 식인데, 그 농사가 잘 될지 안 될지도 모르고 거의 로또 수준이거든요. 그리고 사실 그렇게 하는 농사는 서울에서 직장생활 하는 것과 다를 바가 없어요. 아침부터 밤까지 일만 하며 살아야 하는 것이죠. 저희가 원하는 삶은 그런 게 아니에요. 어차피 애초에 그럴 깜냥도 안 되고 돈도 안 되고, 그런 리스크를 감당할 수도 없죠.

그래도 생각해볼 수 있지 않을까요? 이걸로 얼마를 벌 수 있을까? 일단 자급자족이 목적이면 지출이 없는 거잖아요.

진희 지출을 최대한으로 줄이는 것이죠. 농부는 버는 직업이 아니라 쓰지 않는 직업이라고 하지만, 아예 안 쓸 수는 없죠. 식재료만 해도 100퍼센트 자급은 힘들잖아요. 식용유를 사야 하는 일도 있고. 전기세와 서울 가끔 오가는 데 교통비도 들 것이고, 여러 가지 비용이 발생하겠죠.

그런 비용을 월 평균 얼마 정도로 예상하나요?

진희 시골에 가면 월 평균 50에서 100만 원 정도 되지 않을까요? 그런데 100만 원 벌기도 쉽지 않을 것 같아요. 어쨌든 최대한 지출을 줄이고 그 정도를 벌어서 살아야겠죠. 이런 상황에서 만약에 대출을 받는다면 아마 토지 구입 때문이겠죠. 그런데 최대한 생각을 안 하고 있어요. 대출은 웬만하면 안 받으려고요. 미래를 저당

잡히니까요.

자녀에 대해서는 생각해보셨나요?

혜리 얘기는 해봤는데, 저희가 아직 자리를 잡은 게 아니기 때문에, 안정적으로 자리 잡기 전까지는 어려울 것 같아요. 지금 귀농을 하더라도 거주지도 불분명한 상황이라…. 어느 정도 자리를 잡고 여기에서 살 수 있겠다 할 때….

진희 하다못해 집이라도 짓고요.

두 사람에게 연애는 어떤 의미였나요?

혜리 순수하게 사랑의 확인이었어요.(웃음) 진짜 그것밖에 생각을 안 했던 것 같아요.

미래 계획의 우선 순위를 설명해주세요.

혜리 저는 일이 프리랜서다 보니까 수입도 들쭉날쭉하고 불안정해요. 갑자기 일이 끊겨서 한 달간 일이 없을 때도 있고. 그래서 고정 수입을 만들어야겠다는 생각이 제일 커요. 그리고 귀농 준비를 하는 것이죠. 귀농하려면 집도 구하고 해야 할 일이 많아요. 귀농한 뒤에 하고 싶은 일도 있어요. 천연 염색으로 옷을 만드는 일에 관심이 많아요. 농촌에서 자연농이라는 방식을 2~3년 정도 배우면 익힐 수 있을 것 같아요. 그런 뒤라면 또 새로운 일을 시작해볼 수 있겠죠.

그다음이 출산인가요?

혜리 네, 그다음이 되겠네요. 그런데 이렇게 안정시키려면 5년은 걸리겠어요.

진희 5년이면 빠르죠. 저도 결혼하고 일단 우리가 살 지역을 찾고 정착을 하고 집을 짓고 자급자족할 수 있는 기술을 배워야 할 것 같아요.

혜리 씨에게 연애는 순수한 사랑을 확인하는 자연스러운 과정이었어요. 그럼 진희 씨는 어땠는지 들어볼까요?

진희 연애는…. 그러니까 좋아서 하는 것이었어요.

결혼 결정 과정은 어땠나요?

혜리 반대가 엄청 심했죠. 일단 나이 차이가 나잖아요. 제가 동생만 셋인데, 막내 동생만 남동생이거든요. 저희 집안이 원래 보수적이에요. 그런데 막내 동생이랑 동갑인 사람을 데려왔으니….

진희 네, 이 친구가 4남매의 첫째인데 막내 동생이 저랑 동갑이에요. 그 집에선 아이거든요.

혜리 그러니까 아이 취급을 받는 동생이랑 동갑이니, 무슨 애랑 결혼하느냐 이런 게 컸어요. 나이도 많고 더 어른스러운 사람이랑 결혼을 해야 하는데, 오히려 더 어린 사람을 데려오니까 부모님 생각과는 맞지 않는 부분이었어요. 친구처럼 대하는 건 아닌지 걱정하시더라고요.

진희 사실 별로 찬성할 만한 이유가 없었어요.

혜리 집을 해올 수 있는 것도 아니고. 결혼을 얘기했을 때 집이 없지 않느냐 그래서 저희가 SH에 당첨된 뒤 다시 말씀드렸죠, 집 문제는 해결됐다고. 그랬더니 그래도 안 된다고, 그건 우리 돈이 아니었으니까요. 재력이 있는 다른 사람도 만날 수 있는데 왜 그러느냐 하셨죠.

진회 그리고 또 현재 재력이 없으면 앞으로 재력이 생길 것이냐, 이 부분을 봐도 학교는 그만뒀지, 직장도 설명하기 어려운 직장이잖아요, 어른들에게는요.

진회 씨 부모님께서는 어떠셨어요?

진회 저희 부모님은 좋아하셨어요. 여동생이 재작년에 먼저 결혼을 했거든요.

혜리 여기는 집안 분위기가 좀 달라요. 저는 부모님 말씀 잘 듣고 자랐고 부모님이 원하는 대로 걸어왔죠. 반면 남편은 어렸을 때부터 무엇을 하든 거의 상관하지 않으셨던 것 같아요. 한 달 동안 밖에 안 나가고 게임만 했을 때도 아무 말 안 하고 오히려 과일을 깎아주셨더라고요.

진회 저는 아버지가 고1 때 돌아가셨는데 원래 공부 같은 건 자기가 느껴서 하는 거라는 생각을 가지고 계셨어요. 어머니도 어느 정도 합의가 된 거죠.

그래도 옆에서 직접 지켜보는 건 또 다르지 않을까요.

진회 그렇죠. 그래서 어머니가 힘들어 하셨어요. 그런데 웃긴 게 시골이라서, 제가 면소재지에 살아서 한 학년 학생수가 15명인 초등학교에 다녔거든요. 학원도 없고 학원 다니는 애들도 없었죠. 근데 거기에서 제가 항상 1등이었어요. 어머니도 맨날 집에서 게임만 하는데 성적은 잘 나오니 할 말이 없었겠죠. 시내에 있는 학교였으면 그저 그런 성적이었을 텐데. 학원은 안 가더라도 어릴 때 악기라도 하나는 배워야 한다는 걱정은 하셨는데, 그것도 제가 다 안 했어요. 집에서 게임해야 된다고, 갈 시간 없다고 그렇게 지냈어요.

제가 원하는 가치관과 제가 어떤 삶을 살고 싶은 건지 이런 것까지 다 얘기했어요. 그런데도 이해를 못 하시고 자의적으로 해석하시고 그래서 결국 설득이 안 됐죠. 그래서 그냥 신혼집 구하고 혼인신고 하고 끝내버렸어요.

결국 부모님께서 허락한 이유는 무엇인가요?

혜리 부모님 반대에 어떤 이유가 있겠어요. 부모님뿐 아니라 친척들이나 제 친한 고등학교 친구들도 다 반대했어요. 고등학교 친구들이 전부 반대한 건 아니지만 부모님 편을 많이 들었죠. 친척들도 반대하고, 살아보니까 이렇더라 하시면서요. 몇 번이나 설득을 시도했어요. 제가 원하는 가치관과 제가 어떤 삶을 살고 싶은 건지 이런 것까지 다 얘기했어요. 그런데도 이해를 못 하시고 자의적으로 해석하시고 그래서 결국 설득이 안 됐죠. 그래서 그냥 신혼집 구하고 혼인신고 하고 끝내버렸어요.(웃음) SH 전세 지원에 당첨되었는데, 집을 3개월 안에 구해서 계약하지 않으면 안 됐거든요. 그래서 마음이 급했어요.

진희 여러 가지 반대 이유 중에 집 문제가 걸려 있으니까 SH에 신청해본 건데, 거기에 덜컥 당첨된 거예요.

혜리 와, 이제 우리 됐다!

진희 그런데 조건을 보니까 3개월 이내에 집을 구해야 하고, 계약할 때 혼인관계증명서를 제출해야 지원을 해주는 거예요. 그래서 급하게 부동산을 돌아야 했죠. 금액이 맞는 전세를 찾기 어려웠어요. 전세금이 다 1억 넘는데 거기에서 지원해주는 게 7,600만 원까지였거든요. 거기에 당장 우리가 가진 돈 다 긁어모아야 8,000만 원인데, 그 돈으로는 반지하 원룸밖에 구할 수 없었죠. 게다가 집도 없이 혼인신고도 해야 하고⋯. 부모님 설득하고 집 구하고 혼인신고 하느라 정신이 없었죠.(웃음) 어쨌든 운이 좋았어요. 부모님은 여전히 반대하셨지만, 집 해결하려고 혼인신고를 했잖아요. 그 이야기를 했더니 한바탕 불같이 화를 내시고는, 그냥 결혼식 날짜 잡자셨어요.(웃음)

연애는 사실 장기적인 가치관이나 일상의 여러 부분이 맞지 않아도 할 수 있는데 결혼은 일상을 같이 보내야 하는 거잖아요. 그런 게 잘 맞는다고 생각했어요.

요즘은 결혼하고 혼인신고 안 하고 사는 커플들도 많잖아요. 두 분은 결혼이라는 것에 어떤 의미를 둔 거예요?

혜리 저는 연애랑 똑같은 생각으로 했어요. 결혼이라는 제도와 상관없이 그저 결혼도 사랑하니까 하는 거 아닌가, 그렇게 쉽게 생각했어요.

진희 너무 쉽게 생각한 거죠.(웃음) 닮은 데가 많았죠. 이야기를 나눠봤을 때 삶을 대하는 지향이나 일상을 구성해나가는 영역에 있어서요. 연애는 사실 장기적인 가치관이나 일상의 여러 부분이 맞지 않아도 할 수 있는데 결혼은 일상을 같이 보내야 하는 거잖아요. 그런 게 잘 맞는다고 생각했어요. 앞으로의 귀농 계획이나 이런 것도 잘 맞고, 꼭 귀농이 아니더라도 일상을 함께 하면서 친환경적인 생활을 실천한다든지, 여러 가지 면에서 잘 맞았어요.

귀농은 누가 먼저 얘기한 건가요?

진희 예, 누구랄 것도 없이…. 상대방이 그런 생각을 할 거라고는 전혀 생각도 안 하고, 나는 나중에 이렇게 하고 싶어 말을 꺼내봤는데, 마침 둘 다 그런 생각을 하고 있었어요.

아까 친구들도 혜리 씨가 결혼을 한다고 했을 때 부모님 마음을 생각해보라고 했잖아요. 그런 걸 미루어보면 동세대 사람들은 결혼을 어떻게 생각하고 있던가요?

혜리 진짜 부모님 생각이랑 하나도 다르지 않더라고요.

백분율로 보자면 결혼 이야기를 전했을 때 부모님과 같은 입장을 얘기한 친구가 몇 퍼센트 정도 되나요?

혜리 전 되게 많았어요. 반 정도 되는 것 같아요. 친구가 그렇게 많지는 않지만요.

진희 씨는 어땠어요?

진희 저는 아직 친구들 중에 결혼한 친구가 많지 않아요.

요즘은 평균 결혼 연령이 서른이 넘죠.

진희 네, 아내는 서른이 넘었지만 저는 아직 이십대라, 친구들이 그냥 놀리고 그랬죠.

주변에 결혼을 생각하는 친구들 있어요? 나는 너 보니까 이런 결혼을 하고 싶어, 이렇게 얘기하는 친구 있어요?

진희 그냥 부러워하는 친구들이 많았어요. 그런데 제가 초등학교 중학교를 시골에서 나왔잖아요. 그때 친구들 중에는 결혼한 친구들이 꽤 있어요. 지방에서는 일찍 결혼하더라고요. 실제로 제가 느끼는 것도 서울에 있는 대학에 진학하면 결혼을 안 하는데 지방에 있고 지역에서 대학을 나오거나 직업을 가진 사람들은 일찍 결혼을 하더라고요. 제 중학교 친구 중에는 벌써 애가 네 살 된 녀석도 있어요. 결혼한지도 몰랐는데 돌잔치 초대장이 오고 그래요. 그래서 그 친구들은 크게 놀라지는 않은 것 같아요. 다만 그 친구들이랑 요새 연락을 자주 안 해서 특별히 제 결혼에 대한 의견을 듣지는 못했어요. 반면 고등학교 대학교 때 사귄 친구들은 학력 수준이 높고, 아무도 결혼한 사람이 없어요. 제가 처음이에요.

누군가를 만나며 알아갈 수 있는 시간적인 여유가 필요해요.
그리고 시간적 여유를 만들기 위해서는
경제적으로도 크게 어렵지 않아야 하는 것 같아요.

청년 세대에게 연애와 결혼을 실현시키기 위한 필요조건은 무엇일까요?

혜리 누군가를 만나며 알아갈 수 있는 시간적인 여유가 필요해요. 그리고 시간적 여유를 만들기 위해서는 경제적으로도 크게 어렵지 않아야 하는 것 같아요.

진희 저희도 돈이 많지는 않지만, 어쨌든 끼니를 걱정하거나 이번 달 돌아올 대출 상환 걱정 때문에 투잡 뛰어야 하는 상황은 아니었으니까요. 최소한의 여유가 있어야 하죠.

연애를 하기 위해 소비 욕구나 이런 것들을 많은 부분 희생, 포기했던 것 아닌가요?

혜리 돈을 많이 벌기 위해서는 그만큼 시간을 많이 써야 하잖아요, 제 시간을. 그런데 저는 그렇게 못 살겠더라고요. 주변의 많은 사람들이 그렇게 살고 있는 모습을 보면서 그렇게 살고 싶지 않았어요. 해보려 했지만 너무 힘들어서 못 하겠던 부분도 있었고요. 방향을 바꾼 것이죠. 적게 쓰는 대신 적게 벌고, 내 시간을 좀 더 만들자고 말이죠.

진희 이런저런 물건을 많이 사보기도 했지만, 그 경험에서 많이 배웠죠. 소비가 나에게 행복을 주지 않고, 필요하지도 않고, 살 때는 좋지만 불과 얼마 안 쓰고 계속 먼지만 쌓이는 물건들이 있잖아요. 그게 정말 의미 없다는 생각을 많이 했고, 그럴 돈도 없었죠.

혜리 소비라는 게 되게 피곤해요. 시간도 많이 걸리고. 저는 뭘 살 때 정말 내 마음에 쏙 드는 게 아니라면 안 사는 편이거든요. 또 오랫동안 사용하고. 그러니까 뭐 하나를 사더라도 신중하게 많이 비교해보고, 그래서 되게 피곤하더라고요.

진회 연애할 때는 돈이 없는 게 제 강점이라고 생각했어요. 왜냐하면 돈이 많으면 알 수가 없잖아요. 이 사람이 날 돈 때문에 만나는 것인지. 돈이 없어지면 관계가 달라질 수 있다고 생각했어요. 내가 지금 돈이나 조건을 빼고, 김밥 먹고 걸어다니면서 데이트해도 행복한 사람이 앞으로 오래 같이 지낼 수 있는 사람이란 생각이 들었어요.

우리 삶에 필요한 많은 것은 결국 다른 사람들과 주고받는 거잖아요. 관계를 잘 유지하는 게 내 삶을 풍족하게 만드는 것이고, 내 아이가 살아갈 수 있는 지혜를 자연스럽게 배우는 길이기도 하고요.

아이를 기를 때 필요한 부모의 조건은 뭐라 생각하세요?
혜리 기본적인 생활 조건, 의식주 등 생존을 위한 조건이 충족되어야 하고, 그다음에는 관심과 사랑이라 생각해요. 제 경우에 1은 충족됐지만 2는 부모님께 받지 못한 부분이 크거든요. 경제적인 지원은 많이 받았어요. 대학 등록금까지도 해결해주셨고 지금도 경제적인 도움을 많이 받고 있죠. 하지만 그런 부분이 제가 제 마음대로 살겠다고 했을 때 부모님도 그렇고 친척들도 반대를 했던 이유이기도 해요. 그런데 저는 2번은 항상 아쉬웠던 것 같아요. 내가 하고 싶은 걸 다 할 수 있게끔 경제적 지원만 해주는 것으로 끝일까요? 저는 잘 모르겠어요.
진회 저는 아이를 같이 키워줄 수 있는 마을 사람들, 이웃이 있어야 할 것 같아요. 부모의 사회적 관계 말이에요. 우리 두 사람의 삶에도 중요한 부분이죠. 아이를 키우는 일도 사실은 다르지 않다고 생각해요. 아이를 키우기 위해 필요한 건 우리가 잘사는 모습이에요. 또 그렇게 사는 모습을 보여주는 게 교육이 될 수 있어요. 잘산다는 것이 경제적인 게 아니라 이웃들과 좋은 관계를 유지하는 것이고, 또 그렇게 되었을 때 정서적으로 좋은 영향을 줄 수 있겠죠. 실제 생활에서도 그렇고요. 지금의 사회적 분위기는 500씩 벌어서 내 삶에 필요한 것을 소비로 다 해결하는 것이 능력 있는 것이고 쿨하고 멋진 것이라고 생각하는 경향이 있어요. 앞집 사람과 인사도 안 하는 게 편한 거고 간섭받지 않는 삶이라고 생각하는데, 저는 그렇게 생각하지 않아요. 우리 삶에 필요한 많은 것은 결국 다른 사람들과 주고받는 거잖아요. 그 매개 중 하나가 돈일 뿐이죠. 그렇게 봤을 때 관계를 잘 유지하는 게 내 삶을 풍족하게 만드는 것이고, 내 아이가 살아갈 수 있는 지혜를 자연스럽게 배우는 길이기도 하고요. 또 현실적으로 우리가 24시간 내내 아이에게 붙어 있지 못하잖아요. 엄마와 아빠가 다른 곳에 일을 보러 갈 수도 있고, 어떻게 될지 모르는데. 둘 중 한 명이 먼저 세상을 떠나는 일도 있죠. 그럴 때 많은 관계가 있지 않다면 아이는 홀로 남겨지고 말 거예요.

아이를 낳고 기르는 데 어떤 정책과 지원이 필요할까요?

혜린 저는 집으로 산파를 불러서 자연분만 하고 싶어요. 하지만 그렇게 했을 때 어떤 문제가 있을지 사실 잘 모르겠어요.

진희 예, 아직 공부를 해보지 않았어요.

혜린 당연하게 산부인과에 가서 주기적으로 검사를 하고 초음파를 받고, 이런 과정이 저는 싫어요. 초음파가 아이에게 좋은 것도 아니고, 그런 분위기에서 아이를 출산하는 것도 싫고 또 이후에 아이랑 떨어져서 산후조리를 하는 것도 조금 이상한 것 같아요. 하지만 아직 정확하게 상상하기는 어려워요. 그 어려움이나 고통 같은 게 어느 정도일지 잘 모르겠어요.

만약에 나라에서 또 다른 지원을 받을 수 있다면 신청해보고 싶은 지원이 있나요?

진희 집이 정말 큰 것 같아요.

혜리 이거 없었으면 진짜 결혼 못 했을 거예요.

진희 다른 것 안 해도, 집만 지원해주면….

가장 큰 부분이 해결되는 거죠.

혜리 예전에 나온 기본소득이 실현된다면 청년 문제를 해결하는 데 정말 큰 도움이 될 것 같아요. 제가 요즘에 정말 백수가 세상을 바꿀 수 있다고 생각하거든요. 백수도 백수 나름인데, 취업 준비에만 매진하고 전전긍긍하면서 사는 백수도 있지만, 반대로 그런 상황과 시간에 쫓기지 않는 백수들도 있어요. 그런 사람들이 늘어나야 이것저것 해볼 수 있는 일이 많아질 것 같아요.

창의적인 백수, 다음 세대의 미래를 생각하기 위한 잠깐의 백수들이 필요해요.

이 얘기를 하면 기득권이라고 불러야 할 만한 사람들은 청년들이 의지가 없다고 반응하죠. 하지만 실제로 청년들은 단시간에 부모 세대의 방식으로는 더 이상 해결할 수 없는 문제를 시간이 조금 더 걸리더라도 스스로의 방식으로 해결해 나가고 있어요. 이런 것에 대해 공감하는 장이 생겼으면 좋겠어요.

혜리 청년허브에 그런 백수들 많아요. 재미있는 일을 많이 하더라고요, 그 사람들이. 얘기 들어보면 그런 시간에 연구도 많이 하고 말이죠. 창의적인 백수, 다음 세대의 미래를 생각하기 위한 잠깐의 백수들이 필요해요.

청년들은 취업의 문턱에서 좌절하고 있다.

취업 부담 때문에 관계에 들이는 시간과 기회마저

상당 부분 포기하고 있다. 결혼 형식을 간소화하는 이들도

있지만 치솟은 집값과 기본 생활비, 불안정한 일자리 때문에

결혼에 대한 경제적인 부담에서 좀처럼 벗어나지 못하고 있다.

결혼 이후의 삶이 지금보다 나아지리란 희망마저

줄어든 현재를 살아가는 청년들에게 제도권 안에서의

결혼과 자녀 출산은 점점 더 어려운 선택지가 되고 있다.

즐거운 나의 집

〈즐거운 나의 집(home sweet home)〉은 어린 시절 한 번쯤 불러봤던 동요이다. "즐거운 곳에서는 날 오라 하여도, 내 쉴 곳은 작은 집 내 집뿐이리"라는 가사처럼 편안하게 쉬고 지낼 수 있는 집과 가족의 의미를 한껏 살린 노랫말이 인상적이다.

이 곡은 1820년대 오페라 곡으로 처음 소개되어, 남북전쟁 시기에는 링컨 대통령 부부와 남북부 시민 모두의 애창곡이 되었다. 우리나라에서도 이 노래 제목이 영화나 드라마, 소설의 소재로 꾸준히 활용될 만큼 시대와 장소에 따라 다양한 해석이 이어졌다.

지금 대한민국은 가파른 경제 성장기를 지나 저성장의 늪에 빠져 있다. 그 과정에서 집이나 가족의 의미는 여전히 삶의 큰 부분을 차지하지만, 가족의 구성은 점점 더 단출해지고 있다. 대가족에서 핵가족 사회로, 이제는 1인 가구로 가족 구성원의 구조가 바뀌면서 싱글족, 혼밥 등 1인 가구에 맞춰 의식주가 달라지고, 1인 주거 공간이나 사회적 가족이라는 관계망도 새롭게 등장했다.

한국 사회의 가족 구조가 변화하면서, 먼저 노인 세대가 처한 현실이 주목을 받았다. 한국의 노인들은 세계에서 가장 늦은 나이까지 일하지만, 세계에서 가장 궁핍한 생활을 이어갈 뿐만 아니라 자살률도 가장 높다. 이와 같은 현실은 개인의 노동 여력이 불충분한 데다 만성 질환 등으로 건강이 뒷받침되지 않아 발생하는 특정 세대의 문제로만 여겨진 측면이 있다.

그런데 혈기 왕성한 청년 세대가 마주한 현실이 노인 세대가 맞닥뜨린 어려움과 크게 다르지 않다는 사실을 아는가? 현재의 청년 세대는 고학력임에도 일자리를 찾기 힘들고 일을 하더라도 비정규직의 저임금 노동자로 살아갈 수밖에 없다. 연애는 물론 결혼과 출산도 포기한 '삼포세대', 여기에 더해 내 집 마련이나 인간관계마저 포기하는 '오포세대'라는 설명은 그들이 처한 상황을 상징적으로 보여준다.

하지만 국가와 사회는 어려움에 직면한 노인과 청년들에게 온전히 개인의 역량과 책임으로 그 어려움에서 헤쳐 나오라고 요구하고 있다. 현재 청년과 노인 세대의 상당수는 1인 가구이다. 이전에는 다른 가족 구성원의 도움을 받아서 일정한 수준의 생활을 유지할 수 있었지만, 이제 그마저도 한계에 도달하여 많은 문제들이 나타나고 있다.

다시 청년 세대를 중심에 놓고 생각해보자. 지금의 청년 세대는 그들의 부모 세대와 달리 형제자매가 없거나 있어도 1명 정도다. '교육은 백년지대계'라는 말이 무색할 정도로 청년 세대는 수시로 바뀌는 교육과정으로 인해서 초중고교 생활은 물론 대학입시 과정에서도 혼란을 겪었다. 사회생활을 정규직보다는 비정규직이나 아르바이트로 시작해야 하는 경우가 많다 보니, 청년 세대의 독립 시기나 이와 맞물려 있는 미래 설계의 밑그림은 부모세대와 판이하게 달라졌다.

감춰진 통계: 비혼과 니트

오늘날 힘든 시대상을 대변하는 수식어들이 많지만 청년 세대만큼 우울한 이름으로 불리는 경우는 찾기 어렵다. 청년 세대를 이르는 단어들인 '삼포세대', '오포세대', 'N포세대'에는 연애, 출산, 결혼, 인간관계, 내 집 마련은 물론 꿈과 희망마저 포기해야 하는 청년들의 고단한 삶이 압축되어 있다.

2016년 청년의 경제활동과 관련된 지표는 모조리 나빠졌다. 취업자 수는 늘어났다는데 청년 실업률은 1990년대 말 외환위기 이후 최대치로 치솟았다. 통계청의 2016년 경제활동인구 조사 결과 전체 실업률은 3.7퍼센트인데 20~24세 인구집단의 실업률은 10.8퍼센트, 25~29세 인구집단의 실업률은 9.2퍼센트로 타 연령대보다 3배 혹은 5배 높게 나타났다. 2015년 실업률과 비교해보아도, 전체 실업률은 0.1퍼센트포인트 증가했지만 한창 구직활동을 하고 있는 25~29세 청년들의 경우 8.1퍼센트에서 1.1퍼센트포인트나 실업률이 증가하여 청년 노동 시장의 상황이 더욱 나빠졌음을 알 수 있다. 비경제활동인구 중에서도 고용 사정이 좋지 않아 어쩔 수 없이 구직을 단념하는 청년의 수가 빠르게 늘고 있다. 실업 상태이면서 어떤 교육이나 훈련도 받지 않는 니트족(NEET, Not in Employment, Education or Trainning)의 문제도 청년 경제활동의 이면을 보여주는 중요한 흐름이다.

결혼을 통해서 가정을 이루는 청년도 줄어들고 있다. 혼인율도 사상 최저 수준으로 떨어졌다. 인구 1,000명당 혼인 건수인 조혼인율이 2015년 5.9건까지 떨어졌는데, 2000년대 말 미국발 세계 금융위기 사태 당시의 6.2건보다 더 좋지 않은 상황이다. 이에 남녀의 초혼 연령이 모두 30대로 진입했다(2015년 기준 남성은 32.6세, 여성은 30.0세). 결혼을 미루는 데는 여러 요인이 있겠지만 최근의 흐름을 보면 청년 세대의 열악한 경제력이 만혼화에 큰 영향을 미치고 있다는 것을 알 수 있다.

공식화되지는 않았지만, 자발적인 비혼층이 증가한 현상도 간과할 수 없다. 소셜미디어 빅데이터를 분석한 결과 5년 전에 비해 '비혼'을 말하는 경우가 700퍼센트나 증가했다(연합뉴스, "결혼, 꼭 해야 하나… 5년새 SNS서 '비혼' 700퍼센트↑", 2016.4.25.). 결혼이 필수가 아닌 선택이라는 인식이 청년 세대에 급속하게 확산되고 있는 것이다.

지금 청년들은 취업의 문턱에서 좌절하고 있다. 취업 부담 때문에 관계에 들이는 시간과 기회마저 상당 부분 포기하고 있다. 결혼 형식을 간소화하는 이들도 있지만 치솟은 집값과 기본 생활비, 불안정한 일자리 때문에 결혼에 대한 경제적인 부담에서 좀처럼 벗어나지 못하고 있다. 결혼 이후의 삶이 지금보다 나아지리란 희망마저 줄어든 현재를 살아가는 청년들에게 제도권 안에서의 결혼과 자녀 출산은 점점 더 어려운 선택지가 되고 있다.

현실을 객관화하라

누가 청년인가에 대해서는 다양한 기준이 있다. 공식 통계에서는 청년의 연령을 15~29세로 정의하지만, 최근에는 청년층의 사회 진출이 늦어지는 현실을 감안해 정부 지원금을 받을 수 있는 청년층을 35세까지 확대하기도 했다. 때로는 결혼 유무에 따라 40대 이상까지도 청년에 포함하기도 한다. 이처럼 청년 세대를 가르는 기준이 동일하지는 않지만, 일반적으로 20대와 30대 초중반까지를 청년으로 인식한다.

청년 세대 안에도 취업이나 결혼, 자녀 유무에 따라 처한 입장이 서로 다르다. 그런데 청년 세대를 둘러싼 부정적인 평가들은 일부 사례를 중심으로 논의되는 경향이 있다. 이런 과정에서 오늘날 청년 세대의 모습이 이전과 비교해 얼마나 달라졌는지, 무엇이 나빠졌는지에 대해서는 구체적으로 설명되지 않고 있다.

청년 세대의 문제를 객관화하기 위해서, 전국 단위의 가구를 대상으로 소득과 소비를 알아보는 가계동향조사를 살펴보자. 이를 토대로 청년들이 현재 얼마나 어려운지, 미래를 준비하는 데 투자할 여지가 과연 있는지를 들여다보자. 1인 가구를 포함하기 시작한 2006년부터 최근 2015년까지의 가계동향조사 원자료를 살펴보면, 청년 세대가 직면한 현실을 구체적으로 분석할 수 있다.

더디게 늘어나는 소득, 빠르게 줄어드는 소비

도표8을 보자. 통계청이 발표한 가계동향조사를 보면, 전체 가구의 전년 대비 소득 증가율이 2009년과 2013년에 눈에 띄게 떨어졌다. 같은 자료를 보면, 전체 가구의 가계지출액은 2006년 223만 2,000원에서 2015년 288만 7,000원으로 65만 5,000원(29.3퍼센트) 증가했지만, 가계의 여윳돈이라 할 수 있는 흑자액은 2006년 4만 9,000원에서 2015년 4만 8,000원으로 오히려 1,000원(2.0퍼센트) 감소했다.

통계청의 가계동향조사에서 청년 가구(20~35세)만을 떼어놓고 보면, 청년 가구의 전체 소득은 아예 2014년부터 줄어들고 있다. 또한 가계지출은 2013년 278만 5,000원에서 2014년 267만 8,000원으로 10만 7,000원(-4.1퍼센트) 감소한 데다, 2015년에는 264만 3,000원으로 더 떨어졌다. 청년 가구의 흑자액도 2013년

8. 전체 가구와 청년 가구의 소득 추이

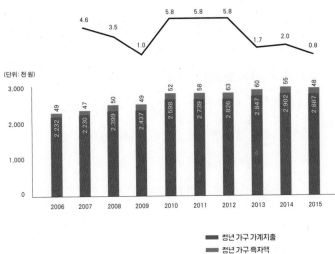

■ 전체 가구 가계지출
■ 전체 가구 흑자액
— 전체 가구 전년 대비 소득 증가율(단위:%)

4.6　3.5　1.0　5.8　5.8　5.8　1.7　2.0　0.8

(단위: 천 원)

	2006	2007	2008	2009	2010	2011	2012	2013	2014	2015
흑자액	49	47	50	49	52	58	63	60	55	48
가계지출	2,232	2,230	2,399	2,437	2,598	2,739	2,826	2,847	2,902	2,887

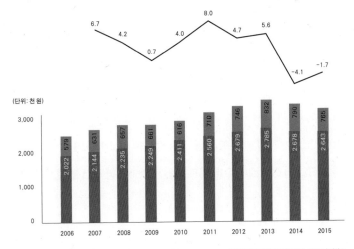

■ 청년 가구 가계지출
■ 청년 가구 흑자액
— 청년 가구 전년 대비 소득 증가율(단위:%)

6.7　4.2　0.7　4.0　8.0　4.7　5.6　-4.1　-1.7

(단위: 천 원)

	2006	2007	2008	2009	2010	2011	2012	2013	2014	2015
흑자액	579	631	657	661	616	710	746	832	790	765
가계지출	2,022	2,144	2,235	2,249	2,411	2,560	2,679	2,785	2,678	2,643

통계청, 가계동향조사 2006년~2015년 원자료
흑자액 = 처분가능소득-소비지출

83만 2,000원에서 2014년 79만 원, 그리고 2015년 76만 5,000원으로 꾸준히 감소하고 있다.

이처럼 전체 가구와 청년 가구의 소득이 최근 정체되거나 오히려 줄어들면서 소비 여력을 보여주는 처분가능소득의 규모도 축소되고 있다. 이에 따라 전체 가구는 물론 청년 가구의 소비지출도 감소하고 있다. **도표9**를 보면 특히 청년 가구(20~35세)의 전년 대비 처분가능소득 증가율이 2014년부터 감소세로 바뀌면서 소비지출액도 211만 3,000원(2014년), 209만 6,000원(2015년)으로 점점 줄어들고 있다. 이는 청년 가구의 취업 비율이 2009년 14.9퍼센트에서 2015년 10.9퍼센트로 4퍼센트포인트 감소한 결과이다.

도표10의 청년 가구 취업자의 종사상 지위(status of workers, 취업자가 실제로 일하고 있는 신분 내지 지위 상태)를 더 살펴보면, 전체 취업 비율이 낮아진 원인뿐만 아니라 노동 조건이 나빠진 사실도 확인할 수 있다. 청년 가구 취업자 중 상용근로자는 2012년 75.5퍼센트에서 2013년 74퍼센트, 2014년 73.7퍼센트, 2015년 71.6퍼센트로 해마다 감소했다. 대신 임시근로자와 일용근로자가 2012년 각각 11.0퍼센트/1.2퍼센트에서 2015년 각각 14.8퍼센트/1.5퍼센트로 3.8퍼센트포인트와 0.3퍼센트포인트씩 늘어났다.

9. 전체 가구와 청년 가구의 소득과 소비지출 비교

		2006	2007	2008	2009	2010	2011	2012	2013	2014	2015
전체 가구	처분가능소득(천 원)	2,263	2,358	2,440	2,449	2,582	2,727	2,887	2,938	2,996	3,028
	전년 대비 처분가능 소득증가율(퍼센트)	–	4.2	3.5	0.4	5.4	5.6	5.9	1.8	2.0	1.0
	소비지출(천 원)	1,751	1,807	1,856	1,884	2,002	2,102	2,157	2,167	2,206	2,193
	전년 대비 소비지출 증가율(퍼센트)	–	3.2	2.7	1.5	6.3	5.0	2.6	0.5	1.8	-0.6
청년 가구	처분가능소득(천 원)	2,211	2,344	2,427	2,446	2,531	2,732	2,855	3,021	2,903	2,862
	전년 대비 처분가능 소득증가율(퍼센트)	–	6.0	3.5	0.8	3.5	7.9	4.5	5.8	-3.9	-1.4
	소비지출(천 원)	1,632	1,713	1,770	1,784	1,915	2,022	2,110	2,188	2,113	2,096
	전년 대비 소비지출 증가율(퍼센트)	–	5.0	3.3	0.8	7.3	5.6	4.3	3.7	-3.4	-0.8

통계청, 가계동향조사 2006년~2015년 원자료
처분가능소득 = 전체 소득–비소비지출

10. 청년 가구 종사상 지위 추이

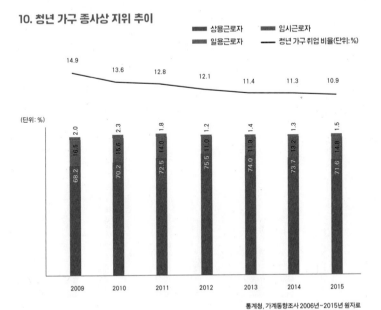

■■ 상용근로자   ■■ 임시근로자
■■ 일용근로자   ── 청년 가구 취업 비율(단위: %)

	2009	2010	2011	2012	2013	2014	2015
청년 가구 취업 비율	14.9	13.6	12.8	12.1	11.4	11.3	10.9
임시근로자	2.0	2.3	1.8	1.2	1.4	1.3	1.5
일용근로자	16.5	15.6	14.0	11.0	11.9	13.2	14.8
상용근로자	68.2	70.2	72.5	75.5	74.0	73.7	71.6

(단위: %)

통계청, 가계동향조사 2006년~2015년 원자료.

11. 청년 가구의 소비지출과 소비성향 추이

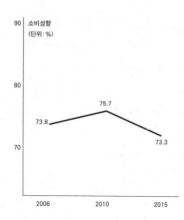

소비성향
(단위: %)

73.8

75.7

73.3

90

80

70

2006   2010   2015

	2006	2010	2015
기타 상품 및 서비스	165	232	199
음식 및 숙박	242	264	318
교육	88	80	93
오락 및 문화	93	122	151
통신	122	128	125
교통	241	263	313
보건	92	122	122
가정용품 및 가사서비스	63	91	84
주거 및 수도광열	191	227	280
의류 및 신발	115	147	151
주류 및 담배	27	27	30
식료품 및 비주류음료	194	211	232

통계청, 가계동향조사 2006년~2015년 원자료.
평균 소비성향=(소비지출/처분가능소득)×100(단위: 천 원)

12. 청년 가구 유형별 가처분소득과 흑자율 추이

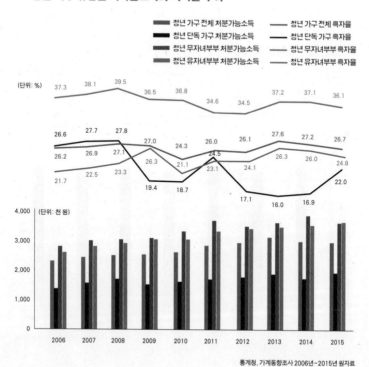

청년 가구 전체 처분가능소득　　　　청년 가구 전체 흑자율
청년 단독 가구 처분가능소득　　　　청년 단독 가구 흑자율
청년 무자녀부부 처분가능소득　　　　청년 무자녀부부 흑자율
청년 유자녀부부 처분가능소득　　　　청년 유자녀부부 흑자율

통계청, 가계동향조사 2006년~2015년 원자료

사는 게 사는 게 아닌

도표11을 보면 청년 세대의 소비지출 형태가 과거와 여러 면에서 달라졌다는 사실을 알 수 있다. 2006년과 비교해 눈에 띄는 변화는 오락 및 문화비와 주거 및 수도광열비이다. 오락 및 문화비는 2006년 9만 3,000원이었으나 2015년 15만 1,000원으로 5만 8,000원(63퍼센트) 증가했고, 주거 및 수도광열비는 2006년 19만 1,000원에서 2015년 28만원으로 8만 9,000원(46.3퍼센트) 올랐다. 그다음으로 보건비는 2006년 9만 2,000원에서 2015년 12만 2,000원으로 3만 원(32.9퍼센트) 상승했고, 음식 및 숙박비는 2006년 24만 2,000원에서 2015년 31만 8,000원으로 7만 6,000원(31.4퍼센트) 높아졌다. 반면 교육비는 2006년 8만 8,000원에서 2015년 9만 3,000원으로 5,000원(5.6퍼센트) 오른 정도에 그쳤다.

반면 청년 세대의 소비성향은 2006년보다 낮아졌다. 소비성향은 지출이 가능한 처분가능소득 중에서 소비지출에 얼마를 쓰는지 보여주는 지표이다. 2006년 소비 성향은 73.8퍼센트였으나, 2015년은 73.3퍼센트로 오히려 하락했다. 경기 침체와 청년 세대의 노동 시장 환경이 나빠지면서 소득이 정체되고, 이로 인해 소비마저 위축되는 모습이다.

청년 세대는 단독 가구에서 자녀를 둔 가정까지 다양한 형태로 구성되어 있다. 청년 가구 전체와 청년 1인 가구, 청년 무자녀부부 가구, 청년 유자녀부부 가구를 비교해보면, 단연 청년 1인 가구의 경제 상황이 가장 열악하다. 청년 부부 안에서도 자녀 유무가 가계 경제에 큰 영향을 주고 있음을 확인할 수 있다.

도표12를 보면 청년 단독 가구의 처분가능소득이 2006년 130만 3,000원에서 2015년 182만 4,000원으로 올랐으나, 흑자율은 2006년 26.6퍼센트에서 2015년 22.0퍼센트로 4.6퍼센트포인트 감소했다. 청년 무자녀부부와 유자녀부부를 비교해보면, 2006년 흑자율이 각각 37.3퍼센트와 21.7퍼센트로 15.6퍼센트포인트 차이를 보였으며, 2015년에는 각각 36.1퍼센트와 24.8퍼센트로 11.3퍼센트포인트 격차가 발생했다. 자녀 유무에 따라 흑자율이 10퍼센트 이상 차이 나고, 이로 인해 경제활동과 임금소득이 다시 자녀 출산에 큰 영향을 미치는 악순환이 반복되는 것이다.

이런 상황에서 2014년 기준 전 세계 224개 국가 가운데 220번째에 불과했던 대한민국의 조출산율(인구 1,000명 당 출생아 수, 2014년 8.26명)은 2016년 집계 후 최저치인 7.9명으로 다시 하락했다.

쌓여가는 건 빚뿐

청년 적자 가구는 전체 가구나 노인 적자 가구에 비해 그 수는 적지만, 적자액은 높은 것으로 나타나고 있다. **도표13**을 보면 전체 적자 가구 비율은 2006년 51.9퍼센트였으나 2015년 41.6퍼센트로 10.2퍼센트포인트 줄고, 노인 적자 가구도 2006년 46.3

13. 적자 가구 비율 추이

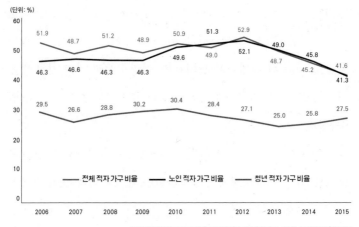

(단위: %)

통계청, 가계동향조사 2006년~2015년 원자료 청년가구(20~35세), 노인가구(65세 이상)

14. 청년 가구 적자액 추이

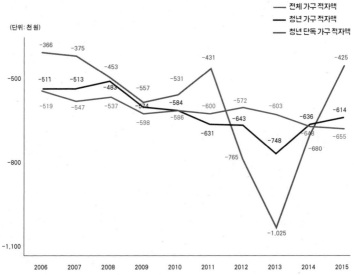

(단위: 천 원)

통계청, 가계동향조사 2006년~2015년 원자료

퍼센트에서 2015년 41.3퍼센트로 5퍼센트포인트 감소했다. 반면 청년 적자 가구는 2006년 29.5퍼센트에서 2015년 27.5퍼센트로 2퍼센트포인트 감소했다. 이처럼 전 가구, 노인 가구, 청년 가구로 나눠 적자 비율을 살펴보면, 전반적으로 적자 가구 비율이 감소세이긴 하지만 그 추세는 청년 가구가 가장 더딘 것을 알 수 있다.

뿐만 아니라 청년 가구의 경우 적자액이 상당히 높아서 청년 세대의 현재는 물론 미래에까지 악영향을 미치고 있다. **도표14**에서 확인할 수 있듯이 청년 가구의 적자액은 2006년 51만 1,000원에서 2015년 61만 4,000원으로 10만 3,000원 증가했다.

불안정한 일자리 탓에 청년 세대의 소득은 제자리 걸음을 하고 있다. 이런 환경에서 주거 비용을 비롯한 모든 생활 비용이 가파르게 상승하면서 청년 가구의 적자액은 줄어들 기미가 보이지 않는다.

1인 가구의 속살

향후 10년 안에 2세대 가구 못지않게 1인 가구가 많아질 거란 예측은 이미 낯설지 않다. 지금까지의 가구 구성 형태는 자녀 수가 줄긴 했어도 부모와 자녀로 이뤄진 2세대 가구가 보편적이었다. 그러나 1인 가구가 이대로 증가한다면 곧 그 순서는 뒤바뀔 것이다.

도표15에 나오는 '장래가구추계'에 따르면 자녀가 없는 부부로 이루어진 1세대 가구나 1인 가구는 빠르게 증가할 전망이다. 2010년 인구총조사를 보면 2세대 가구는 전체의 46.2퍼센트, 1인 가구는 23.9퍼센트, 1세대 가구는 15.4퍼센트였다. 그러나 2025년에는 2세대와 1인 가구 비중이 각각 34.9퍼센트, 31.3퍼센트로 비슷해지고, 1세대 가구도 20.4퍼센트로 껑충 뛸 전망이다. 그리고 2030년 정도부터는 그 비중이 역전되어 1인 가구가 가장 보편화된 가족 형태가 되리라 예상된다.

1인 가구는 전 연령대에 걸쳐 고르게 증가하고 있다. 지금까지는 성인이 된 이후 독립해 학업을 이어가거나, 노년기에 사별해 혼자 사는 사람들이 1인 가구의 주를 이루었다. 그러나 이제 결혼을 미루거나 비혼을 선택하고 혼자 사는 청년, 직장이나 자녀교육 등으로 떨어져 사는 중년 부부 혹은 이혼 가구 등의 형태가 눈

15. 세대별 유형과 1인 가구 추이

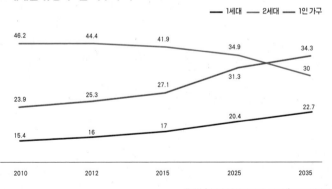

통계청, "장래가구추계: 2010년~2035년", 2012.(단위: %)

16. 1인 가구 연령대별 추이

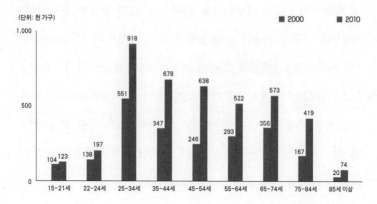

(단위: 천 가구)

■ 2000 ■ 2010

- 15-21세: 104 / 123
- 22-24세: 138 / 197
- 25-34세: 551 / 918
- 35-44세: 347 / 678
- 45-54세: 246 / 638
- 55-64세: 293 / 522
- 65-74세: 350 / 573
- 75-84세: 167 / 419
- 85세 이상: 20 / 74

통계청, "1인 가구 현황 및 특성" 보도자료, 2012.

17. OECD 주요 국가의 가구 형태별 전망 (2000년대 초중반~2030년 가구별 증감률)

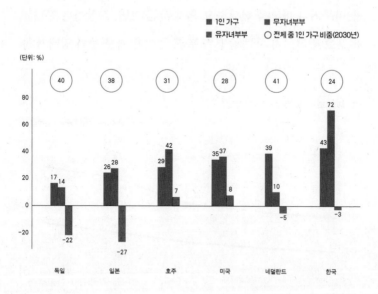

■ 1인 가구 ■ 무자녀부부
■ 유자녀부부 ○ 전체 중 1인 가구 비중(2030년)

(단위: %)

- 독일: 40 / 17 / 14 / -22
- 일본: 38 / 26 / 28 / -27
- 호주: 31 / 29 / 42 / 7
- 미국: 28 / 35 / 37 / 8
- 네덜란드: 41 / 39 / 10 / -5
- 한국: 24 / 43 / 72 / -3

OECD, "the future of families to 2030", a synthesis report, 2011.

에 띄게 늘고 있다.

전체 1인 가구의 규모는 2000년에 222만 3,000가구에서, 2010년 414만 2,000가구로 10년 사이에 2배 가까이 증가했다. **도표16**은 같은 기간 연령별 인구 변화를 표시한 것인데, 25~34세 청년이 36만 7,000가구, 45~54세 중년이 39만 2,000가구, 75세 이상 노년이 30만 가구 늘어나며 1인 가구의 증가를 주도하고 있다.

1인 가구의 급속한 증가는 전 세계적인 현상이다. **도표17**의 OECD 주요 국가의 가구 형태별 전망을 보면 그 추이는 더욱 선명해진다. 2000년대 초중반부터 2030년까지 30년간 인구 전망을 보면, 한국의 1인 가구는 43퍼센트 증가, 무자녀 부부는 72퍼센트 증가, 유자녀 부부는 3퍼센트 감소할 것으로 예측된다.

OECD 전망대로라면 2030년 한국의 1인 가구는 전체 가구의 24퍼센트를 차지하게 된다. 사실 OECD 전망보다도 우리 사회는 더 빠르게 1인 가구화되고 있다. 독일이나 일본에서도 향후 15년 안에 전체 가구의 40퍼센트를 1인 가구가 형성할 것으로 예측된다.

고립과 미래 불안 가중

한동안 '골드미스(Gold Miss)'같이 1인 가구 앞에는 '화려한'이라는 수식어가 많이 사용되었다. 그러나 1인 가구의 실상은 이와

18. 1인 가구 생활의 어려움

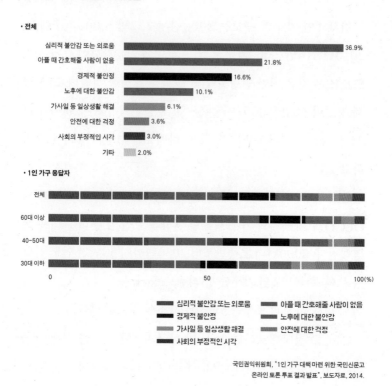

・전체

심리적 불안감 또는 외로움	36.9%
아플 때 간호해줄 사람이 없음	21.8%
경제적 불안정	16.6%
노후에 대한 불안감	10.1%
가사일 등 일상생활 해결	6.1%
안전에 대한 걱정	3.6%
사회의 부정적인 시각	3.0%
기타	2.0%

・1인 가구 응답자

전체
60대 이상
40-50대
30대 이하

0   50   100(%)

■ 심리적 불안감 또는 외로움   ■ 아플 때 간호해줄 사람이 없음
■ 경제적 불안정   ■ 노후에 대한 불안감
■ 가사일 등 일상생활 해결   ■ 안전에 대한 걱정
■ 사회의 부정적인 시각

국민권익위원회, "1인 가구 대책 마련 위한 국민신문고
온라인 토론 투표 결과 발표", 보도자료, 2014.

는 여러모로 다르다. 가부장적인 틀을 깨고 경제적으로 풍요롭게
사는 경우보다, 여러 사회와 경제적인 환경 때문에 어쩔 수 없이
1인 가구로 살아가는 이들이 많기 때문이다. 1인 가구가 증가하
는 이유에 대한 조사가 온라인 토론으로 이어진 일도 있었다. 1인
가구 당사자도 참여한 최근의 설문 결과를 보면, 40대 이상에서는
가족의 가치 약화와 개인주의 심화를 1인 가구 형성의 가장 큰 원

인으로 꼽는다. 이에 반해 30대 이하의 청년들은 고용 불안과 경제 여건, 비혼 증가 등을 가장 큰 원인으로 진단하고 있다.

도표18은 1인 가구가 겪게 되는 어려움에 관한 설문조사 결과이다. 1인 가구 당사자와 이들을 보는 일반인의 시각은 다를 수 있다. 그러나 양쪽 모두 연령대에 상관없이 1인 가구의 어려움으로 '외로움'과 '고립감'을 꼽았다. 그다음으로 30대 이하 청년 세대들은 일자리의 불안과 비혼으로 인한 노후 준비를 가장 크게 걱정했다. 중년 세대는 경제적 불안정을 가장 크게 느끼고 있고, 노년 세대는 건강이 좋지 않을 경우 간호해줄 사람이 없다는 점을 두려워하고 있다.

1인 가구의 선호에 맞춰 오피스텔이나 소형 아파트 등이 늘고 있는 추세이다. 하지만 이와는 별개로 혼자 살면서 감당해야 하는 어려움이 적지 않다. 1인 가구와 지속적으로 관계를 맺는 지역사회 돌봄 제도나 관계망이 보다 확대되어야 하는 이유다. 설문 결과도 1인 가구원들이 모여서 함께 생활하는 '공동 거주제'나 '주민 참여형 프로그램' 등 '함께 사는 1인 가구'에 대한 욕구가 큰 것으로 나타났다.

1인 가구가 겪는 가장 큰 어려움은 취약한 경제력이다. 1인 가구의 거주 방식은 오피스텔이나 아파트와 같이 비교적 여유롭고 안락한 환경부터 고시원 등의 쾌적하지 못한 환경까지 그 형태가 다양하다. 그럼에도 보통의 1인 가구는 그 어느 가구 형태보다도 소득이나 소비, 재산 수준에서 열악함을 벗어나지 못한다.

1인 가구의 경제력은 다인 가구에 견주어볼 때 매우 열악하다. '국민생활실태조사'를 활용해 가구별로 소득과 소비, 재산 수준을 비교한 **도표19**를 보면, 1인 가구는 부부로 구성된 가구 형태보다 가처분소득은 물론 순재산과 소비지출이 모두 낮은 수준이다.

노인 세대 중에서도 75세 미만 1인 가구는 전체 평균(100)에 비해 가처분소득은 24.9퍼센트, 순재산은 45퍼센트, 소비지출은 29.4퍼센트로 매우 낮고, 75세 이상 1인 가구의 경제력은 보다 더 뒤쳐져 있다. 마찬가지로 청년 1인 가구도 전체 평균(100) 대비 가처분소득은 67.6퍼센트, 순재산은 22.4퍼센트, 소비지출은 64.1퍼센트로 매우 낮은 수준이다.

1인 가구의 소득 수준이 낮은 이유는 일자리의 불안과 깊은 연관성이 있다. **도표20**에 나오는 35세 미만의 청년 단독 가구와 청년 부부 가구 근로계약 형태를 비교해봐도 차이가 크게 나타난다. 2011년 기준 청년 단독 여성과 남성의 상용직 종사 비율은 부부 남성과 여성에 비해 낮다(부부 남성 79.9퍼센트 〉 단독 남성 67.9퍼센트 〉 부부 여성 53.7퍼센트 〉 단독 여성 52.3퍼센트). 반면 임시일용직 비율은 단독 여성이 가장 높게 나타난다(단독 여성 38.5퍼센트 〉 단독 남성 22.8퍼센트 〉 부부 남성 11.9퍼센트 〉 부부 여성 10.9퍼센트, 2011년 기준). 이처럼 35세 이하 청년 세대 안에서도 결혼한 가구보다 1인 가구의 일자리 불안이 더 크고, 특히 1인 여성 가구의 경제적 불안이 가장 심각하다.

19. 가구유형별 소득·재산·소비 수준 (전체 가구 평균=100, 2011년)

	청년 단독	청년 부부	청년 부부와 1자녀	청년 부부와 2자녀	장년 부부와 1자녀	장년 부부와 2자녀	장년 부부	노인 부부	노인 단독 75세 미만	노인 단독 75세 이상	한부모	기타
가처분소득	67.6	132.3	120.4	130.4	139.8	169	88.1	51	24.9	20.8	66.7	94.2
순재산	22.4	78.1	89.4	96.4	162.9	165.8	142.3	129.7	45	33.8	34.9	91.7
소비지출	64.1	111.5	117.9	137.4	129.5	163.9	91.6	53.6	29.4	24.7	80.9	96.2

"국민생활실태조사" 원자료를 활용한 한국보건사회연구원, "한국형 복지모형 구축", 2015 재인용.

20. 35세 미만 청년 단독 가구와 청년 부부 가구의 상용직과 임시일용직 추이

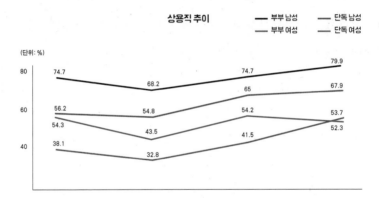

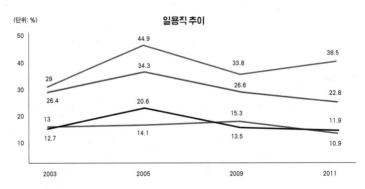

한국보건사회연구원(2015) 재인용.

미래엔 무엇이?

1인 가구가 맞닥뜨린 또 하나의 문제는 미래의 불확실성이다. 가치관의 변화처럼 개인적인 이유로 1인 가구가 증가하기도 하지만, 늦은 취업과 높은 실업률로 대표되는 불안한 사회·경제적 환경이 개인의 결혼 및 출산을 지연시키는 경우도 많아졌다. 결국 현재의 청년 세대가 겪는 어려움이 우리 사회의 미래와 성장에 대한 불신으로 이어져 저출산으로 연결되고 있는 것이다.

한편에서는 혈연이나 친족 단위를 넘어 1인 가구 구성원들이 또 다른 사회적 가족을 이루고 살아가는 실험도 활발히 진행되고 있다. 1인 가구들이 모여서 공동체 주택을 형성하는가 하면, 1인 어르신들을 위한 돌봄 서비스를 적극적으로 시행하는 지역사회도 있다. 그럼에도 이 방안들은 개인과 사회의 예산 제약으로 대상이 협소하다는 한계를 안고 있다.

서울시의회는 청년과 노인 세대를 아우르는 1인 가구를 위한 조례안을 마련했다. 시는 이 조례안을 통해서 그동안 정상 가족의 범위에 속하지 않았던 1인 가구의 사회적 참여를 확대하고, 삶의 질을 보장하는 복지 정책을 갖추어나갈 계획이다. 10인 이상의 공동생활 가정과 소셜다이닝 등을 통해서 사회적 관계망을 강화해나갈 계획도 세웠다. 또한 나눔 활동 등을 통한 공유사회 실현과 1인 가구 구성원의 삶을 존중하는 조례도 마련했다(서울시의회, "서울특별시 사회적 가족도시 구현을 위한 1인 가구 지원 기본 조례안", 2015. 9. 11.).

이제까지 우리 사회는 다양한 가족 형태를 인식하지 못했기 때문에 이들을 위한 제도도 마련하지 못했다. 그 결과 급증한 1인 가구 구성원의 대다수는 혼자서 생계를 이어가야 할 뿐 아니라 사회적 고립과 외로움의 그늘까지 안고 살아가고 있다. 1인 가구 는 우리의 사회와 경제 환경 변화로 인해 생겨난 새로운 가구 형 태이다. 이제라도 이들을 위해 보다 광범위한 차원에서 조례를 만들고 지원을 시작한 것은 고무적이다.

경제 불안은 소득 정체를 낳고, 미래의 불확실성은 현재의 소 비를 줄이는 결과로 이어진다. 우리는 지금까지 노인 세대의 어 려움 못지않게 힘겨운 생활을 토로하는 청년 세대의 현주소를 들 여다보았다. 청년 세대 중에서도 특히 1인 가구와 자녀를 둔 청년 부부의 경제력이 취약한 것을 확인했다.

통계에 드러나지 않는 문제도 많다. 경제활동 이면에 존재하는 니트족과 혼인 통계 밖에 있는 비혼층이 점점 더 두터워지고 있 는 문제도 간과해서는 안 된다.

물론 이전보다 나빠진 현실에서 청년 세대 모두가 동일한 선택 을 하는 것은 아니다. 앞의 인터뷰에서 소개한 신혼부부가 대표 적인 사례다. 이 청년 부부는 결혼에 당연한 조건처럼 따라붙던 통념들을 뛰어넘어 결혼은 물론 삶의 방향도 새롭게 짜고 있다.

청년 세대에게 필요한 건 현실의 암울함과 불확실성을 걷어내 는 일이다. 한편에서는 국가와 사회가 청년 세대의 현재와 미래 를 가로막는 제약들을 개선해나가고, 또 다른 한편에서는 청년 세대 스스로가 삶의 주인공이 되는 여정을 밟아가야 한다

3

시골 청년 상경 분투기

나의 대안, 청년의 대안,
그리고 사회의 대안

임 경 지
29세
시민단체 활동가

민달팽이유니온의 위원장 임경지 씨는 직접 경험한 청년 주거 문제를 해결하고자 시민단체 활동에 뛰어든 당찬 청년 활동가이다. 인터뷰를 통해 청년 주거 환경뿐만 아니라 청년의 생활 자체와 그 무대가 되는 '집'에 대한 청년들의 인식을 들을 수 있었다. 청년의 주거난은 잠깐 지나가는 청춘의 고난이 아니라 장기적으로 삶에 영향을 미치는 요소였다.

대학생 시절 경지 씨는 집과 학교가 모두 서울 시내임에도 불구하고 통학에 2시간 30분에서 3시간이 걸렸다. 이에 학기 중에는 학교 근처에 살고, 방학 때는 본가에서 지내는 생활을 시작했다. 처음에는 혼자 혹은 룸메이트와 보증금 부담이 없는 하숙 생활을 했고, 다음으로 친구의 월세방에 월세만 부담하고 함께 지내기도 했으며 자취도 했다. 그는 민달팽이유니온에서 활동하면서 접한 청년들의 불법 건축물 거주 사례도 들려주며 거주 환경에 비해 임대료나 주거 비용이 비싼 현실을 설명했다.

경지 씨는 현재 청년들의 주거 상황을 10점 만점 중 '2점'으로 평가했다. 그 이유는 청년들이 주로 거주하는 주거 형태는 아파트가 아닌데, 한국의 주택 법제도는 아파트를 중심으로 짜여 있기 때문이라고 설명했다. 또한 주택 임대 시장에서 청년들은 집에 대한 지식이 거의 없는 상태로 방을 구하기 때문에 임대인과의 관계에서 절대적으로 을의 위치에 놓일 수밖에 없고, 이런 청년들을 보호하는 제도도 전무하다고 했다. 즉 청년이 제도권 밖에 있는 동시에 청년이 거주하는 주택 형태도 제도 밖에 있기 때문에 청년들의 주거 상황이 개선되지 않고 있다는 것이다. 경지 씨는 제도가 개선되지 않는 근본적인 원인은 인식에 있다고 주장했다. 청년의 주거 문제를 일자리를 구하거나 경제 상황이 나아지면 지나갈 일시적인 문제라고 여길 뿐, 불법 건축물이나 임대 시장에 만연한 악습을 고치려는 노력이 없다는 지적이다.

> **"청년들이 일자리를 구하면 당연히 해결될 것이라는 미신 같은 게 있는 것 같아요.**
> **그런 편견에서 벗어나야 정책도 바뀌지 않을까요."**

열악한 거주 환경이 일상생활에 초래하는 문제로는 높은 비용과 좁고 비위생적이고 불편한 공간 외에도 이웃과의 사회적 접촉 단절, 범죄 노출 등도 있다. 이런 문제를 해결하기 위해서 경지 씨는 여럿이 모여서 주택을 공유하는 대안주거에 뛰어들었다. 그는 대안주거의 장점으로 합리적인 비용·공유 공간을 통한 넓은 생활공간 점유·사회적 관계망의 형성을 꼽았다.

> **"사실 저는 공과 사의 분리가 잘 안 되어 있는 삶을 살고 있어요.**
> **제가 속한 단체의 계획이 제 삶의 계획이죠.**
> **단체가 한 청년의 삶을 바꾸는 활동을 하고 있다고 생각해요."**

경지 씨는 인터뷰 내내 자신의 미래 거주 모습을 현재 대안주거의 연장선상에서 보고 있었다. 지금은 청년들의 주거 문제를 중심으로 활동 중이지만, 훗날 활동 영역을 넓혀 2인 가구를 위한 '쌍달팽이유니온', 노인 세대를 위한 '은달팽이유니온'과 같은 새로운 공동체도 구상하고 있었다.

안녕하세요. 먼저 자기소개를 부탁드립니다.

저는 88년생이고요, 내년에 서른이 되는 시민단체 활동가 임경지입니다. 스물일곱 살 2월에 대학을 졸업하고 1년간 민간 연구원에서 일했습니다. 고용 형태는 정규직이었고요, 지금도 정규직이긴 한데, 시민단체는 고용 안정성보다는 임금 수준이 중요하기 때문에 고용 형태는 제게 별로 중요한 것 같지 않아요. 사실 저는 나와서 사는 일에 익숙해요. 대학에 입학한 후에 학교에서 집까지 통학 시간만 2시간 반에서 3시간 정도 걸렸거든요. 누군가는 젊어서 고생은 사서도 한다지만 매일같이 만원 버스에 몸을 싣고 등교하는 일이 쉽지는 않았죠. 집은 서울 노원구 하계동이었는데, 지하철역에서 멀었어요. 한편으로는 스무 살이 되었으니 독립하고 싶은 욕구도 컸죠. 그런데 상황이 여의치 않았어요. 가장 큰 부담은 보증금이었어요. 독립을 할 때 최소한의 요건이 보증금이라고 생각하는데, 부모님께서 목돈을 마련해주기 힘들었고 제가 저축하면서 모으기도 쉽지 않았어요. 그래서 하숙을 했어요. 보증금 없이 거주할 수 있는 집이 하숙이었기 때문이죠.

거주 형태가 자주 바뀌었군요.

네. 부모님과 같이 살다가, 경기도로 이사 가시면서 더 이상 집에서 통학하기 어려운 상황이 되었어요. 그래서 2014년 5월에 부모님 집에서 완전히 나왔습니다.

시민단체 근무 경험이 집을 여러 번 바꾸는 데 도움이나 계기가 되었나요?

주거 관련 시민단체이다 보니까 집에 관한 고민도 많이 하고 새로운 주택 유형을 만들기도 하는데요…. 민달팽이유니온이라는 시민단체는 제가 대학생일 때 만들어졌어요. 대학 때 독립을 하고 싶어서 40만 원짜리 집을 찾았던 일이 있는데, 정말 쓰레기 같은 집이었어요. 서울은 아무리 작은 집도 월 40만 원씩은 하니까요. 그래서 정말 비정상적으로 집이 공급되고 있구나 하는 생각을 갖게 됐죠.

또 대학생들이 사는 원룸촌은 왜 이렇게 집이 더럽고 위험해 보이는지. 누군가의 삶을 안정적으로 보호할 수 있는 마을까지는 아니더라도 최소한의 환경은 갖추어야 하는데, 대학생이라는 특정 계층이 집단적으로 거주하고 있는 지역은 너무 방치되고 있다는 느낌을 받았어요. 좋은 집에 살고 싶다는 욕망은 누구에게나 있는 것인데…. 그러면서 처음으로 청년 세대의 주거 문제를 해결할 수 있는 시민단체 활동가로 일해야겠다는 결심을 하게 된 것이죠.

결국 저희가 협동조합을 만들어서 주택을 공급하기로 했는데, 직접 안 살아보고 다른 사람들에게 제공했을 때 문제가 생길 수도 있다는 문제 제기가 있었어요. 그때 활동가가 6명이었죠. 남자 셋, 여자 셋. 그리고 또 마침 계약한 주택이 3인실 두 채였어요. 그래서 그럼 우리가 나와서 살자, 그렇게 된 것이에요. 자취하던 친구들도 집을 다 빼고 그 집으로 들어가서 3개월 동안 살았어요. 이후에는 새로운 협동조합형 공동주택을 만들고, 다 같이 신청했는데 저만 당첨이 되었죠.

그러고 보면 저는 굉장히 계획적이고 전략적으로 주택을 옮겨요. 제도적으로 보호받지 못하는 기이한 주거 형태에서 살면서 지금의 생활 방식이 더 안정감을 준다는 확신을 가질 수 있었죠.

저소득층은 생활비 계산을 잘 안 한다고 생각해요.
그렇지 않나요? 소득이 적을수록 통장 보는 일이 두렵고
계획적인 소비를 하기 어렵다고 생각해요.

한 달에 사용하는 생활비는 얼마인가요?

질문에 답하기 전에, 저는 저소득층은 생활비 계산을 잘 안 한다고 생각해요. 그렇지 않나요? 소득이 적을수록 통장 보는 일이 두렵고 계획적인 소비를 하기 어렵다고 생각해요. 질문을 보고 계산을 조금 해봤는데, 예를 들어 쇼핑…. 옷을 사는 일은 주로 분기별로 발생하니까 제외하면 한 달에 80만 원 정도 고정적으로 지출하는 것 같아요.

고정비의 상세한 내역을 알려주시겠어요?

월세는 11만 8,000원이에요. 공공임대 비용이죠. 그런데 제가 보증금을 빌렸어요. 제가 사는 집이 보증금 2,100만 원에 월세 11만 8,000원인데, 제가 500만 원밖에 모을 수 없어서 1,600만 원은 은행에서 대출 받았어요. 이자로 한 달에 8만 원을 내고 있어요. 관리비는 협동조합에서 함께 결정하는데 2만 4,000원입니다.

월 지출액 80만 원 중에 거주비 지출은 굉장히 적어요.

예, 다른 친구들에 비하면 굉장히 적죠. 식비로는 매월 40만 원을 사용해요.

그럼 교통비는 어느 정도인가요? 집은 회사와 가깝나요?

그렇기는 한데, 제가 택시를 자주 타요. 이건 제 소비성향 때문이 아니라 일이 굉장히 빡빡하고, 공공임대주택의 입지가 나쁜 데 영향을 받는 것 같아요. 예를 들어서 집에서 시청까지 택시를 타면 15분에서 20분이면 가는데 버스를 타면 1시간이 걸려요. 그래서 택시비까지 포함하면 15만 원 정도의 교통비가 들어요.

그 밖의 비용은 어떤가요?

전기요금이 1만 원, 수도요금 두 달에 1만 원, 가스는 겨울에 조금 많이 나오면 4~5만 원 정도 나와요.

그럼 합쳐서 월 평균 5만 원 정도겠네요.

예, 그 정도예요. 또 제가 학자금 대출 받은 게 있어서 이자가 나가요. 매월 20만 원 정도씩 학자금 대출 이자와 원금을 갚고 있습니다.

고정 비용이 꽤 크네요.

커요. 휴대폰 요금도 있죠. 8만 원 정도.

지금 대출 잔액은 어느 정도인가요?

주택대출 1,600만 원과 학자금 1,500만 원입니다. 저 빚쟁이입니다.

생활비를 보충하기 위해서 대출을 받은 적은 없나요?

없어요. 조금 덧붙이면, 제가 시민단체나 민간 연구원을 선택하게 된 데에는 여러 이유가 있어요. 한국에서 여성으로 살면서 어떤 방식으로든 경력 단절이 생길 것이라고 생각했었고, 또 조직 문화가 저랑 잘 안 맞을 것 같다는 생각도 했어요. 경쟁적인 문화에 더 이상 노출되고 싶지 않다는 생각도 했죠. 그래서 임금이 적더라도 그렇지 않은 곳에서 일하고 싶었어요.

**대부분의 친구들은 고시나 공기업을 준비했어요.
그런데 그게 제게는 갑갑했던 것 같아요.
하루에 끝나버리는 시험을 더 이상 겪고 싶지 않았어요.**

보통의 경우 직업을 선택한 이유로 전공 등을 많이 이야기하는데, 경지 씨는 삶의 질을 더 많이 본 것이군요.

예. 저는 행정학을 전공했는데 대부분의 친구들은 고시나 공기업을 준비했어요. 그런데 그게 제게는 갑갑했던 것 같아요. 하루에 끝나버리는 시험을 더 이상 겪고 싶지 않았어요.

만약 지금보다 소득이 높아진다면 어디에 가장 먼저 쓰고 싶나요?

빚을 갚는 데요.

대출을 상환하고도 남을 정도로 소득이 늘어난다면, 2순위를 얘기해주실 수 있을까요?

부모님 용돈을 드릴 수 있으면 좋겠어요. 아버지는 사업을 하시다가 지금 다른 일을 찾고 계세요. 어머니는 폐백 같은 것을 만드는 일로 조금씩 벌고 계시고요.

3순위도 들어볼까요?

여가 생활? 여행을 좋은 곳으로 가거나…. 여행을 가면 워낙 없는 시간과 돈을 쪼개서 가는 것이다 보니까 그 시간을 즐겨야 한다는 생각이 부담이었어요. 그러니까 계획을 짜게 되죠. 그게 아니라 돈도 많고 시간도 많으면 즐기려고 애쓰지 않아도, 그냥 한 곳에 가만히 있어도 좋은 여행이 되지 않을까 하는 생각을 합니다.

미래(40대 중반에서 50대)에 기대하는 소득 수준은 어느 정도인가요?

400만 원? 너무 소박한가요?

지금 하고 있는 일을 앞으로도 계속 할 생각인가요, 다른 분야로 자리를 옮길 생각인가요?

저는 지금 하고 있는 일이 더 잘될 것이라고 생각합니다. 다른 직업군은…. 다른 분야를 선택할 것 같진 않아요. 대학원에 가서 공부를 더 하고 연구원에 갈 수도 있고 혹은 공공기관에 취직해서 정책 짜는 일을 할 수도 있고, 이런 것은 조금 달라질 것 같지만 다 잘될 것이라고 생각합니다.(웃음)

대출을 더 받아서 현재에 투자할 생각은 없나요?

일단 없습니다. 제가 처음 대출을 받은 건 2009년 2학기의 학자금 대출이었어요. 한국장학재단의 정책기금을 통해서 나오는 대출이 잖아요. 조건이 까다롭지 않고, 쉽게 해줬거든요. 저는 대출 제도의 무서움은 이런 데 있는 것 같아요. 사회적으로는 부채가 생기면 안된다는 통념 같은 것이 있지만 접근하기 쉬워지면 미래에 얼마나 위험을 야기하는지 모르게 되는 부분이 생기는 것 같아요. 그래서 저도 부채를 더 많이 내는 것에 대한 공포나 두려움이 사라졌어요.

이미 대출을 받아보았고, 다시 빌리기도 쉽고, 대출을 갚으면서도 생활이 가능하니까 그렇겠죠?

예. 여전히 부채가 마음의 짐인 것도 맞고 제가 갚아야 할 돈인 것도 맞는데, 부채가 또 생긴다는 부담은 점점 사라지는 것 같아요. 그리고 나중에 소득이 크게 늘 것이라고 생각하지 않으니까 조금씩 조금씩 지금의 삶의 질을 높이면서 부채를 내는 건 어쩌면 그리 나쁜 선택이 아니겠다는 생각도 하게 되었죠. 하지만 원칙적으로는 더 이상 부채를 늘리고 싶지 않아요.

이제 직업이나 가족이나 진로 등 포괄적인 미래의 계획을 말씀해주시겠어요?

저는 가족을 꾸리고 싶어요. 그게 결혼이든 아니면 다른 형태의 가족이든 함께 살고 싶은 사람들은 있는 것 같아요. 그러니까 산다는 형태가 제가 지금 하고 있는 활동처럼 어떤 지역을 거점으로 할 수도 있고, 혹은 마을이라는 형태를 꾸려볼 수도 있고, 조금 더 관계가 안전하게 쌓여 있는 삶을 만들어가고 싶어요.

결혼이 아니라 지금의 대안주거와 같은 형태의 가족을 말씀하시는 건가요?

결혼을 하더라도 그런 형태를 유지하고 싶어요. 그게 공동 육아가 될 수도 있겠죠.

2인 가구를 위한 대안주거를 만들어볼 수도 있죠. 사실 2인 가구 중에 동성 커플이나 비혼 커플은 정책 안에 포함되지 않거든요. 하지만 이런 사람들도 2인 가구로 살아야 하기 때문에 여기에 대한 대안주거를 만들어보는 것도 좋겠죠.

이 비전을 위한 구체적인 계획도 세웠나요?

사실 저는 공과 사가 분리되지 않은 삶을 살고 있어요. 제가 속한 단체의 계획이 제 삶이죠. 저는 단체가 한 청년의 삶을 바꾸는 활동을 하고 있다고 생각해요.

세부적인 것은 아니지만, 그래도 이런 건 있어요. 단체에서 새로운 대안주거 형태를 만들어가는 과정에서 우리가 나이 들면서 생겨나는 새로운 가족의 필요와 논리에 맞게 조금씩 변화를 시도하는 것 말이에요. 가령 쌍달팽이유니온처럼 2인 가구를 위한 대안주거를 만들어볼 수도 있죠. 사실 2인 가구 중에 동성 커플이나 비혼 커플은 정책 안에 포함되지 않거든요. 하지만 이런 사람들도 2인 가구로 살아야 하기 때문에 여기에 대한 대안주거를 만들어보는 것도 좋겠죠. 더 나이 들면 은달팽이유니온처럼 실버 세대를 위한 대안주거를 만들고요. 이렇게 한 단계씩 새로운 공동체를 만들어갈 구상을 하고 있어요.

이제 경지 씨가 경험했던 주거 형태에 관한 질문으로 넘어가겠습니다. **"본인을 포함한 청년들의 주거 상황이 어떻다고 생각하십니까?"**라는 질문에 10점 만점으로 점수를 매겨주세요.

2점이죠. 저는 많은 청년들이 제도 밖에 놓여 있다고 생각해요. 청년들 자체도 제도 밖에 있고 청년들이 주로 거주하는 주거 형태도 제도 안에 포함되어 있지 않아요. 청년들이 많이 거주하는 주택은 아파트가 아니잖아요. 여기에서 청년이라는 범위를 연령으로 정확히 구분하기는 어렵지만, 대체로 20대 초반에서 30대 중반, 혹은 30대 후반까지를 고려한다 하더라도 아파트 아닌 형태에 주거하는 비율이 엄청나게 높아요. 그런데 한국의 주택 법제도는 아파트를 중심으로 짜여 있죠.

지금 청년 세대는 '불법 건축물'에 거주하는 비율이 커요. 보통 '비거주용 주택'이라고 표현되는, 상가나 독서실이라고 부르지만 실제로는 안에 원룸이 있는 형태인데⋯. 비거주용 주택이 사실 불법 건축물인 경우가 많죠. 임대사업자 입장에서 1층 전체에 주차공간용 필로티로 지으면 얼마나 손해인가요? 그게 다 월세인데. 그런데 상가나 독서실은 주차장 면적 규정이 훨씬 더 완화되어 있으니까 독서실이나 학원으로 등록하는 거예요. 준공검사 승인이 나기 전에는 독서실이라고 보여주고 마지막에 싱크대 넣고 변기 넣는 거죠. 이런 불법 건축물이 정말 많아요.

2015년 자료를 보면 비거주용 주택에 거주하는 사람 중에 청년의 비율이 70퍼센트예요. 은폐되어 잘 안 보이는 구조죠.

서울 시내에 불법 건축물이 얼마나 될까요?

원룸촌에 주차장 없는 건물은 거의 다 그런 경우예요. 센서스를 기준으로 하면, 센서스에서 비주거용 건물은 2015년에 처음 조사했어요. 그런데 전입신고를 기준으로 조사했어요. 사실 대다수의 그런 집들은 전입신고를 하지 않잖아요. 그럼에도 불구하고 불법 건축물 거주 비율이 적지 않았죠. 2015년 자료를 보면 비거주용 주택에 거주하는 사람 중에 청년의 비율이 70퍼센트예요. 은폐되어 잘 안 보이는 구조죠.

사실 불법 건축물에 거주하면 보증금 보호도 못 받아요. 건축물대장에 504호까지 되어 있는데, 제가 505호에 산다고 해볼까요? 505호로 전입신고를 하러 가면 주민센터는 그걸 일일이 조회하면서 승인을 내지 않아요. 그냥 도장만 찍어주죠. 그러다 만약에 건물이 경매라도 넘어가면 505호는 공부상에 없는 집이기 때문에 보증금을 받을 수 없어요. 받기 위해서는 초기에 승인 받은 건축도면을 가져와서 504호 안방 옆에 505호가 붙어 있다고 증명해야 해요. 이런 식으로 불법 건축물은 제도 밖에 있고 보이지 않는 곳에 있는 상황이에요. 겉은 멀쩡한 건물인데 안에 들어가면 법적으로는 방이 4개여야 하는데 실제로는 8개 있거나, 속은 곪아 터져 있는 경우가 빈번해요.

불법 건축물이 양산되는 이유는 무엇일까요?

저는 100퍼센트 제도의 공백 때문이라고 봐요. 2점을 준 또 다른 이유는 이런 불법 건축물에, 열악한 환경에 거주하는 경험이 청년 시기에만 국한되는 것이 아닐 가능성이 커지기 때문이에요. 고용 상황이 악화되고 부채가 늘어나고 있고, 이미 주택 가격이 치솟았기 때문에 청년의 주거 문제는 반드시 미래적 관점에서 바라봐야 해요. 세상은 빠르게 바뀌는데 정책은 잘 변하지 않아요. 1인 가구가 증가했는데도 그들이 주로 거주하는 소형 주택은 2015년 6월에야 월세 통계를 잡기 시작했잖아요. 저는 이런 부분이 가장 문제라고 생각해요. 주거 형태에 격차가 발생할 수 있고, 돈의 움직임에 의해 기이한 피해를 보는 사람도 나올 수 있는데, 이것을 교정하는 것은 결국 정책이거든요. 하지만 지금까지는 이런 게 없었어요.

자신이 경험한, 또는 주변에서 경험한 최악의 집은 어떤 곳이었나요?
한번은 고깃집 윗집에 세 들어 산 적이 있어요. 그때는 겨울에 집을 구했죠. 낮에 그 집을 보고 계약했는데, 살게 될 집에 대해 제대로 몰랐어요. 그러다 날이 풀리고 밤에 문을 여니까 고기 냄새랑 기름때가 위로 올라오더라고요.
이건 단순히 재수 없었던 경우가 아니에요. 집을 구하는 과정에서 우리는 정말 그 집에 대해 모르고 구하는 경우가 많아요. 저는 이것도 청년 주거 문제 중의 하나라고 생각해요. 집을 구할 때 경험이나 지식이 없는 청년들이 비대칭적인 임대 시장에서 일방적으로 을의 입장에 놓이게 되죠. 조금만 따지려고 하면 집주인이 너처럼 따지는 애는 처음 본다고 말하잖아요.

실제로 그런 일이 있나요?

원룸 관리비 실태조사를 하면서 보니까, 세입자들이 부과된 관리비의 상세 항목이나 정확한 금액의 용도를 집주인이나 부동산에 물어보면 까다롭게 군다면서 재계약을 안 하는 경우도 있어요. 처음 가격을 정할 때도 마찬가지예요. 임대인은 너 아니어도 들어올 사람 많다고 나오죠.

친구 집을 구하러 함께 간 신촌에서 본 집은…. 명물거리에서 큰 고깃집을 운영하던 사람의 건물이었어요. 보증금 200만 원에 월세 30만 원으로 나온 집이었는데, 무척 싼 편이었죠. 건물에 갔는데 복도에 빼곡하게 벌집처럼 집이 붙어 있었어요. 그 복도를 통과했더니 또 똑같은 구조가 나오는 거예요. 그 집을 밖에서 보면 한쪽이 튀어나와 있어요. 건물 2층이요. 그리고 거기로 들어가려면 반 층을 외부 계단으로 올라가야 했어요. 아마도 불법 증축한 것이겠죠. 방까지 올라가는 길이 그렇게 위험할 수가 없어요. 실내는 좁고 습하고, 여기에서 사람이 살 수 있을지 걱정될 정도였어요.

아까 집주인이 상가나 독서실로 허가를 받고 원룸으로 운영하는 곳이 많다고 했는데, 그런 건물은 주거의 질이 떨어지지 않나요?

그렇지는 않아요. 형태는 멀쩡해요.

겉보기에는 일반 주택과 동일하게 보이는 거예요? 오히려 나을 수도 있고?

예, 그래요. 그리고 가격도 똑같죠. 일반 주택 원룸이랑. 그런데 제도의 사각지대에 있는 것이죠. 그리고 재미있는 게, 상가이다 보니

전기·가스·수도의 부과 체계가 달라요. 수도 같은 경우는 훨씬 많이 나와요. 수도는 영업용이라 2배 정도 더 비싸요. 거기에 주택이면 계량기를 세대별로 달지만 상가에는 하나만 달아요. 그러다 보니 어머어마하게 누진세가 붙어요. 저도 상담을 하다 알게 된 사실인데 4~5월 수도세가 13만 원 나온 사례도 있었어요. 4평짜리 집에 사는데요.

1인 가구에서요?

예. 그런데 그걸 뜯어보니 단가도 2배인 데다가 건물 전체 사용량에 누진세가 붙고, 그걸 N분의 1로 나누면 그렇게 나오는 거예요. 전기는, 영업용은 계절별로 부과 체계가 다르고…. 아예 주택과는 다른데 이런 부분이 제대로 알려지지 않은 것이죠.

경험해보지 않고는 알 수 없는 것들이네요.

저도 세입자들과 상담하면서 알게 된 것이에요. 그런데도 계약서에는 그냥 주택으로 쓰여 있어요.

이런 경험들이 지금 대안주거를 하게 된 계기가 된 거죠?

단체에서 결정한 것도 있지만, 그 전에 저도 혼자 살면서 어려운 점이 많았어요. 한번은 옆집에 남자가 살았는데, 그가 어느 야구팀을 응원하는지도 들을 수 있을 정도로 소음이 심했어요. 시끄럽다고 말은 하고 싶은데 무서운 거예요. 옆에 여자 혼자 산다는 것을 알려서 득이 될 게 없다는 생각도 들었고…. 또 원룸이라서 환기를 하고 싫어도 무서워서 현관문을 못 열었어요. 그래서 이웃이 있으면 환기도 좀 하고 살 수 있지 않을까? 그리고 더 안전하게 내 요구를 전달할 수 있지 않을까? 택배 같은 경우도 늦게 퇴근하는 날이면 어떻게 받아야 하나 초조하죠. 하지만 만약에 이웃이 있다면 이런 열악한 주거 환경이 개선될 수 있지 않을까 하는 고민들을 많이 했어요. 그래서 처음 대안주거를 시작할 때도 안전을 많이 기대했어요.

이 동네에 나를 아는 사람이 족히 10명은 넘는다는 게 이렇게 안심되는 일인지 저도 처음 알았어요.

살면서 느낀 대안주거의 장점은 무엇인가요?

일단 쾌적해요. 같은 비용이라도 제가 실제로 점유하는 면적이 넓어요. 왜냐하면 원룸은 현관문 밖에 나를 위한 다른 공간이 없잖아요. 쉐어하우스는 방문 밖으로 나가면 거실인 게 좋았어요. 맞바람이 부니까 그게 또 좋고요. 기본적으로 주거 환경이 쾌적해졌어요. 지금 살고 있는 대안주택은 원룸 형태인데, 빌라 전체가 이웃이에요. 커뮤니티실도 있죠. 어쨌든 활용할 수 있는 면적 자체가 넓어진 점이 가장 큰 장점이에요.

그리고 확실히 안전해요. 이 동네에 나를 아는 사람이 족히 10명은 넘는다는 게 이렇게 안심되는 일인지 저도 처음 알았어요. 사실 1인 가구를 무연고라고 표현하잖아요. 아는 사람이 주위에 없고 이웃도 없고 연고가 없으니까요. 이렇게 무연고일 때는 위험에 대처할 수 없다는 게 가장 큰 문제죠. 나 홀로 나를 온전히 다 감당해야 하니까요, 내 집이랑. 그런데 아는 사람이 늘고 가까이에 친한 사람이 있으니까 삶을 주도적으로 살 수 있게 되었어요. 가령 혼자 살 때는 어딘가가 고장이 나도 그냥 안 고쳤어요. 어떻게 고쳐야 하는지도 모르고, 집주인에게 전화했다가 괜히 나보고 다 물어내라고 하지 않을까 하는 초조함이 있었어요. 철물점 아저씨를 부르면 출장비로 얼마를 내야 하고, 또 아저씨가 집에 오는 것도 무서워서 방치한 채로 살았어요. 그런데 지금은 집이 너무 궁금해지고 보살피게 되고 고장나면 직접 수리도 하게 되었어요.

지금 사는 곳에서는 몇 년 정도 살 수 있나요?

최대 6년이요. 2년마다 재계약을 하는 형식인데요, 다 고치면서 살고 싶어지고 집에 대해 더 많이 알게 되는 것 같아요. 쉐어하우스 때도 그랬고 지금도 그런데, 함께 사는 공간이다 보니 더 신경 쓰게 되고 관심 갖고 보게 되는 부분이 있어요.

그래도 여럿이 산다는 것은 힘든 일이잖아요. 어떤 부분이 가장 힘든가요?

혼자 있고 싶을 때 그럴 수 없죠. 쉐어하우스에 살 때는 방 2개에 거실이 있었는데, 연애를 막 시작한 친구와 함께 살았어요. 그 친구는 전화를 낯간지럽게 하고 싶은데 언니들이 계속 같이 있으니까 그럴 수 없었죠. 고민을 나누다 보니까 '자기만의 방'을 만들자, 이런 얘기가 나왔어요. 방이 큰 게 있고 작은 게 있으니 큰 방을 침실로 쓰고, 작은 방은 책상을 놓고 혼자 있고 싶을 때 쓰자. 구성원들이 친해지니까 그런 식으로 얘기가 되는 거예요. 원래는 2인실과

1인실로 생각했던 것을 3인실과 공용실로 바꾸게 되었죠. 공용실에 '자기만의 방'이라는 이름을 붙였고요. 술 마시고 늦게 들어오면 무조건 자기만의 방으로 가야 해요. 코를 고니까요.(웃음) 혼자 있을 수 없는 게 단점이기는 했지만 또 충분히 개선 가능한 조건도 있었어요.

물론 단점도 많아요. 청소 면적도 늘고, 때로는 나만 청소하나 하는 옹졸한 마음이 생기기도 하죠. 집안일 분담에 대한 불만은 늘 있는 것 같아요. 음식도 그렇죠.

제가 나가고 달팽이집에서 이슈가 된 사건이 '누가 복숭아를 먹었나'였어요. 누군가 복숭아를 한 박스 사왔는데, 사람들이 말도 안 하고 다 먹은 거예요. 이 친구는 말도 못 하고 화가 난 거죠. 어떻게 보면 별일 아닐 수도 있는데. 그런데 이 친구가 처음에 말을 못 한 게, 왜 이렇게 옹졸해질까라는 자기 검열 같은 게 생겼다고 해요. 지금이야 서로 복숭아 도둑이라고 부르면서 놀리는데, 그렇게 되기까지는 많은 대화가 필요해요. 어떻게 해야 잘 나눌 수 있을지에 대한 고민 같은 것들이요.

구성원들 사이의 소통이 중요할 것 같아요.

항상 소통과 단결이 중요해요. 다행히 저희 단체에서 운영하는 공동체는 아직 깨진 적은 없는데, 위험했던 적은 있었어요. 예를 들어, 한 친구는 친환경으로 사는 친구였어요. 세제도 안 쓰고 베이킹소다를 쓰는데, 함께 산 나머지 두 명은 그런 것에 굉장히 둔감했어요. 친환경을 쓰는 친구는 이게 소통이 안 될 것이라고 생각했던 거예요. 겁도 먹고. 어느 날 그 집에 놀러갔더니 벽이 온통 포스트잇 천국이었어요. 내 것은 이것이고 제 빨래는 베이킹소다로 해주세요 등. 거긴 원래 같은 빨래통에 셋의 빨래를 모아서 돌아가면서 돌렸는데, 소통이 안 되니까 집이 포스트잇 천국으로 변한 거예요. 대화 없이 메모로만 전달하는 굉장히 위험한 상황이 된 거죠. 이렇게 구성원 간의 가치가 다르면 좀 어려운 것 같아요.

대안주거의 또 다른 장점은 무엇인가요?

저렴하죠. 그런데 저는 비슷한 금액이더라도 대안주거를 선택할 것 같아요. 아까 말한 장점들 때문에요.

대안주거는 단순히 마음 맞는 사람 몇 명이 모여 사는 것이 아니에요. 갈등은 항상 발생할 것이고 그렇다면 이것을 조정할 수 있는 신뢰를 어떻게 쌓아나갈 것인지가 중요한 문제이죠.

대안주거가 방송도 타면서 사람들의 관심이 커졌습니다. 그들에게 조언을 해주세요.

하나는 임대인에게도 그리고 세입자에게도 신뢰할 수 있는 조정자 집단이 필요해요. 가령 민달팽이유니온 주택협동조합이 이런 것을 합니다, 라고 말하기 위해서 저희는 계속 사회적 자본을 쌓아왔어요. 이게 충분히 쌓이기 전까지는 실패도 있었죠. 비슷한 유형임에도 불구하고, 저들이 조정해낼 수 있을까, 신뢰하지 못한 것이죠. 내 돈을 안전하게 저들에게 맡길 수 있을까 등의 불안을 해소해줄 조정자 집단이 반드시 필요해요.

대안주거는 단순히 마음 맞는 사람 몇 명이 모여 사는 것이 아니에요. 갈등은 항상 발생할 것이고 그렇다면 이것을 조정할 수 있는 신뢰를 어떻게 쌓아나갈 것인지가 중요한 문제이죠. 저희는 이 문제를 주택협동조합이라는 단체와 거기에 속한 활동가들이 조합원과 함께 교육과 훈련을 하면서 버텨나가고 있어요.

다른 하나는, 달팽이집 같은 경우 입주자도 협동조합의 조합원이에요. 그 주택을 관리하는 조합원이기 때문에 그 주택의 주인이기도 하죠. 임대차 시장이 워낙 갑을 관계로 형성되어 있다 보니까 세입자들이 입주 조합원임에도 불구하고 사무국에 서비스를 요청하는 경우가 종종 있어요. 이런 위치 감각에 대해서도 고려해야 할 것 같아요.

제가 대안주거를 하면서 사람들에게 가장 많이 받은 질문이 "안 힘들어? 안 싸워? 안 불편해?"였어요. 이런 질문들을 받으면서 저는 이렇게 생각했어요. 왜 부정적인 질문을 먼저 할까. 어떤 상황이든 장단점이 있기 마련이고, 새로운 형태의 주거를 시도하고 있는 사람들에게 필요한 것은 격려지 노파심이 아니었으면 좋겠어요.

마지막으로 궁극적으로 살고 싶은 주거 형태를 이야기해주실 수 있을까요?
저는 한 빌라에 여러 가족이 모여 살면 좋겠어요. 윗층에 엄마, 아빠가 살고 언니도 살고 조카도 살고, 우리 가족도 살고 친구 가족도 살고, 그렇게 아는 사람들이 모여 사는 형태요.

그렇다면 주택 문제 해결을 위해서 사회적으로 어떤 대응이 필요하다고 보나요?

저는 우선 지금의 청년 주거 문제를 일시적으로 보는 편견을 깨야 할 것 같아요.

전체 주택에서 장년층의 자가 소유 비율이 준다는 것은 그 자녀 세대는 더 가난할 것이라는 말과 같아요.

곧 지나갈 문제다, 자리를 잡으면 당연히 해결될 것이다 같은 편견이요?

주거 문제는 일자리를 구하면 당연히 해결될 것이라고 믿는 미신 같은 게 있다고 생각해요. 그런 편견에서 벗어나야 정책도 바뀌지 않을까요. 저희가 하고 있는 민달팽이유니온이든 민달팽이 주택 협동조합이든 혹은 다른 여러 대안적인 주거 형태이든 궁극적인 지향점은 수요자, 그러니까 사는 사람 중심으로 주택 임대 시장을 재편하는 것이에요. 그렇게 해야 빈집 문제도 일정 부분 해소할 수 있어요.

사실 지금 정부에서도 청년 주거에 대한 관심이 높아지면서 보고서를 많이 내고 있어요. 문제 의식은 비슷한데, 결론은 다르죠. 정부는 청년 세대의 자가 수요를 촉진시키기 위해서 나이가 어릴수록 대출을 받을 때 금리 혜택을 준다는 등의 대책을 내놓고 있어요. 그런데 저는 궁극적인 주거 정책은 자가 수요 촉진이 아니라 세입자 안정으로 전환되어야 한다고 생각해요. 빌려서 사는 사람도 안정적으로 생활할 수 있어야 하죠. 실제로 전 세계 자가 주택 점유율이 60퍼센트를 넘지 않아요. 이런 상황에서 우리도 점점 자가 주택을 소유한 장년층이 줄어들고 있잖아요. 전체 주택에서 장년층의 자가 소유 비율이 준다는 것은 그 자녀 세대는 더 가난할 것이라는 말과 같아요. 그런 부분을 고려하면서 내 집 마련에 대한 미신을 걷어내고, 빌려 쓰든 사든 간에 집에 애정을 갖고 살 수 있도록 주택 문화와 제도를 사는 사람 중심으로 바꿔가야 한다고 생각합니다.

대학 졸업장을 따기 위해서 휴학과 알바를 반복하다가

결국 빚만 짊어지게 되는 상황은 한국 청년들에게

일반적이다. 신용카드 돌려 막기는 기본이고 사채와 다를 바 없는

고이율의 대출에 의존하는 친구들도 있었다.

당장 방세도 내고 먹고는 살아야 한다는 생각에

발을 들인 것이 돌이킬 수 없는 결과를 초래했다.

아니, 어쩌면 결과를 알면서도 모르는 척했는지도 모른다.

운수 좋은 날

'우아한 A'는 일러스트레이터가 되겠다는 희망을 품고 서울 소재 유명 대학교의 실용미술과에 진학했다. "세상 물정 모르는 것이 어떻게 혼자 사느냐. 위험하니 기숙사 들어가거라." 40대 중반에 접어든 엄마의 목소리가 고리타분하다 못해 사극 대사처럼 들렸다. 평생 처음 집을 떠나 사는 게 약간의 두려움도 주지만 가정의 편안함에 비례한 간섭에서 벗어난다는 건 충분히 설레는 일이었는데, 김이 팍 샜다.

신입생 오리엔테이션에서 얼핏 들은 기숙사 생활은 매력적이지 않았다. 기숙사는 생활관이라고 불리기도 하는데, 점호와 폐문이 있다. '(1)점호는 당직조교 및 총장에 의해서 실시. (2)일일 점호는 매일 24시 00분에 실시.' 점호가 무슨 뜻이냐고 선배들에게 물으니 군대에서 잠 자기 전 인원 점검을 하는 것이라고 했다.

외출과 외박에 대한 규칙도 있다. 주 3회 이상 외박을 할 경우에는 사감의 승인을 받아야 한다. 그리고 한 방을 4명이 쓴다. 열 살 때 내 방이 생긴 이후, 누군가와 한 방을 쓴 적이 없는데 잘 지낼 수 있을까?

이런저런 핑곗거리에도 불구하고 기숙사에 들어가는 걸 고분고분 받아들인 이유는 저렴한 비용 때문이다. 학교 밖에서 방을 구하는 것에 비해 기숙사 이용에 드는 돈은 절반도 되지 않았다. 집에서 받는 용돈으로 지내야 하는 신입생 처지에 기숙사 신청에서 탈락하지 않기만을 바라야 하는 상황이었다.

대학 근처의 작은 방도 알아보았지만 보증금 몇 천만 원과 월세 수십만 원을 집에서 받아쓸 엄두는 나지 않았다. "죄다 서울로 기어들어 오는데 당연히 집값도 오르지. 여기는 대학가라 더 비

21. 1995~2015년 시도별 20~24세 인구 변화

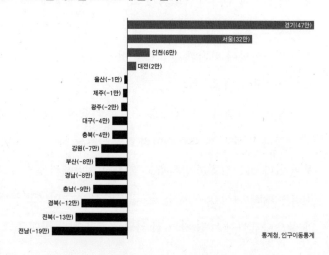

통계청, 인구이동통계

싸고." 복덕방 할아버지의 설명을 듣고 보니 A와 같은 반 친구 중 10명이 서울이나 수도권에 있는 대학으로 진학했다. 전체 반 인원의 25퍼센트가 수도권으로 이동하는 셈이다.

나중에 알게 되었지만 1995년부터 2015년까지 20년간 수도권으로 순유입된 20~24세 청년은 무려 85만 명이었다. 반면에 같은 기간 전라남도에서는 청년이 매년 1만 명씩 줄어들었다(도표 21 참조). 정말로 지방에서 사람들이 모여드니 어쩔 수 없이 방값이 오른 것일까?

A는 기숙사 사생으로 선발되었지만 심드렁했다. 배정된 곳은 4인실이었는데, 4평 남짓한 넓이에 문을 열고 들어가면 정면에 창문이 보이고 창가 양쪽으로 책상 2개가 배치되어 있었다. 그리고 그 옆 양쪽 벽면으로 이층침대가 있고, 출입문 양 옆에 붙박이장이 있었다. 집에서 3평쯤 되는 방을 혼자 쓰던 A는 좁은 공간에서 4명이 같이 생활하는 것이 별로 내키지 않았고, 화장실과 샤워실을 다른 사생들과 공동으로 사용해야 하는 것도 찜찜했다. 한참 후에 다시 생각해보니 철없는 투정이었다. 월 15만 원에 그런 기숙사 생활을 할 수 있게 된 것은 정말 운이 좋은 일이었다.

얼어 죽은 옥탑방 고양이

걱정과 달리 A는 기숙사 생활이 마음에 들었다. 어떤 친구들은 "가증스런 룸메이트 때문에 암 걸리겠다"는 말을 입에 달고 살았지만, 다행히 A의 방 멤버들은 성격도 좋고 적당히 깔끔해서 큰 갈등 없이 지낼 수 있었다. 특히 A는 바로 위 침대를 쓰는 '발랄한 G'와 무척 가까워졌다.

미대생의 일상은 세간의 이미지와 다르게 결코 낭만적이지 않았다. 매주 쏟아지는 과제에 밤샘은 기본이라 학업 이외에 여가나 동아리 활동은 생각할 겨를도 없었다. 당연히 학기 중에는 알바를 하는 것도 어려워서 '2학기부터는 부모로부터 완전히 독립하리라'는 다짐도 요원해졌다. 무엇을 하고 있는지 깨닫지도 못한 사이 여름, 가을, 그리고 겨울이 지나갔다.

방학 동안 틈틈이 알바를 해서 돈을 조금 모았지만, 2학년이 되어 다시 기숙사에 들어가지 못하면 방값으로 꽤 많은 지출을 감내해야만 한다. 신입생 60퍼센트, 재학생 40퍼센트 비중으로 사생을 선발하기 때문에 성적이 나쁘면 기숙사에 다시 들어가기 어려웠다. 전교생이 2만 명인데 기숙사 수용 인원은 1,500명에 불과했고, 예상대로 A는 선발에서 탈락했다.

대학가의 주거 형태는 다양하지만 학생들의 선택은 대개 전통적인 하숙과 자취 사이에서 결정된다(도표22 참조). 자취는 과거에는 단독주택이나 다가구주택의 방 하나에 세 들어 살던 것에서 원룸이라는 비교적 독립된 거주 형태로 바뀌는 추세였다. 하숙은 '숙'과 '식'을 제공하는 것이 장점이지만, 실습 과제 때문에 거의 매일 학교 작업실에서 야간 작업을 해야 하는 A는 하숙집 밥을 꼬박꼬박 챙겨 먹을 수 없었다. 좋은 주인을 만나지 못하면 눈칫

22. 살아보면 별로 싸지 않은 하숙 · 자취 · 옥탑의 거주 비용

하숙 월세 30만 원

- 방 면적: 2.3평
- 책상, 작은 옷장 놓으면 겨우 이불 깔고 누울 수 있는 면적
- 식사 제공. 작업실에서 살다시피 하니 그림의 떡
- 화장실 공동 사용
- 눈칫밥 주의

 자취 월세 30만 원 (보증금 500만 원)

- 방 면적: 2.7평
- 독립된 주방과 화장실
- 출입구 분리, 자유롭지만 방범에 취약

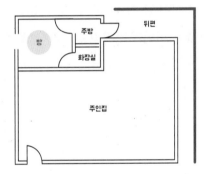

 옥탑 전세 3,000만 원

- 방 면적: 2.7평
- 4층 다세대주택의 옥상
- 자물쇠 달린 계단실
- 여름엔 덥고, 겨울엔 춥고

밥 먹게 될 우려도 있어서 A는 하숙을 고려 대상에서 제외하기로 했다.

자취방은 하숙과 비슷한 거주 환경에서 식사를 알아서 해결하는 형태인데 저렴하면서 깨끗한 방을 구하기 힘들었다. 또한 집주인과 가까이 지내는 것이 은근히 거슬리고, 방범 문제도 있기 때문에 마찬가지로 고려 대상에서 제외했다.

임대료가 비싼 원룸까지 제외하고 나니 결국 남은 것은 옥탑방뿐이었다. 옥탑방도 자취의 일종이지만 옥상 공간을 사용할 수 있어서 좀 더 독립적일 것 같았고, TV 드라마의 영향으로 왠지 좋은 이미지를 가지고 있었다. 물론 드라마와 현실이 같을지 다를지는 살아봐야 알 수 있지만 말이다. A는 정말 싸게 나온 물건이라는 복덕방의 소개에 부모님이 어렵사리 보태주신 3,000만 원으로 전세 계약을 했다.

바퀴와 꼽등이

작열하는 태양, 살을 에는 추위. 이 말이 무슨 뜻인지 A는 드디어 알게 되었다. 옥탑방에 입주하기 전에 여름에는 덥고 겨울에는 추울 것이라는 말을 듣기는 했지만, 남도에서 자란 A가 상상할 수 있는 수준이 아니었다. 여름에는 하루 종일 학교 작업실에서 지내니 더위는 견딜 만했다. 문제는 겨울. 벽체가 전혀 단열을 하지 못하니 보일러를 아무리 돌려도 한기가 사라지지 않았다.

11월에는 멋모르고 난방을 돌렸다가 눈이 의심스런 고지서를 받기도 했다. 또 혹한에 수도관이 터지고 보일러가 고장 나는 불상사도 여러 번 겪어야 했다.

하지만 A는 자신의 처지가 그나마 호사스런 것이라 여겼다. 고향 친구인 '용감한 K'는 고시원에서 산다. 면학 분위기가 물씬 풍기는 이름을 가진 K의 '집'에 다녀온 뒤 A는 그가 측은해졌다. 다닥다닥 붙어 있는 방이라고 부르기 민망한 공간들. 옆방에서 볼펜으로 무슨 글자를 쓰는지도 알 수 있을 것만 같은 얇은 간이벽. 수십 명이 공동으로 사용하는 욕실과 화장실. 건물 전체에 퍼져 있는 퀴퀴한 냄새. 그리고 책상 위로 스멀스멀 기어오르는 시커먼 물체. 자세히 보니 바퀴벌레였다. "이런 건 집에서도 보는 건데 뭐. 이상하게 생긴 곤충도 있어. 등이 굽은 귀뚜라미인데 울지는 않아"라는 K의 씩씩한 대답이 A는 애처로웠다. 등이 굽은 그것의 이름이 꼽등이라는 사실은 몇 년 후 영화 〈연가시〉를 보고 알았다(도표23 참조).

'한 달에 25만 원이나 주고 이런 곳에 살아야 하나?' K에게 보증금 500만 원이 있었다면 같은 월세로 자취방을 구할 수도 있었다. 보증금 1,000만 원을 들이면 작은 원룸에서 사는 것도 가능하다. 하지만 그 돈을 구하기 어려운 K에게 고시원은 유일한 선택이었다. 침침한 복도를 나서며 돌아본 고시원의 풍경, 희미한 조명 아래 번호 달린 암갈색 문들이 줄지어 있던 장면이 지금도 잊히지 않는다.

23. 바퀴벌레와 친구 맺는 가격 월 25만 원

고시원 월세 25만 원

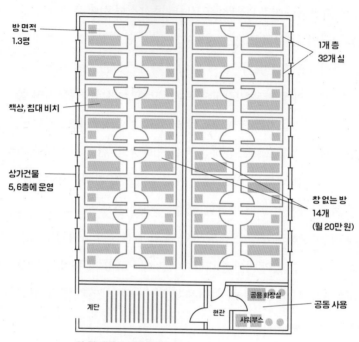

방 면적
1.3평

책상, 침대 비치

상가건물
5, 6층에 운영

1개 층
32개 실

창 없는 방
14개
(월 20만 원)

계단

현관

공동 회장실

사워부스

공동 사용

한 달 매출 1,500만 원
연매출 1억 8,000만 원(고시원이나 할까)

고시원 친구들

연가시

바퀴벌레
수억 년 동안 지구를 지배
수많은 세균의 매개체

꼽등이
귀뚜라미 아님
연가시의 숙주

집게벌레
습하고 어두운 곳을 좋아함
창고 등에 대규모로 서식

싸구려 커피만 속이 쓰린 건 아니야

"글쎄, 보증금은 어떻게 구해보면 구할 수는 있겠지만, 그래봐야 반지하잖아. W가 반지하에 살거든. 작년 장마철에 침수돼서 크게 고생했다더라. 곰팡이도 장난이 아니고. 항상 축축하고 눅눅하고. 지난번에 놀러갔는데 비닐장판에 발바닥이 쩍 달라붙었다 떨어지는 게 좀 그랬어."

장기하와 얼굴들의 노래를 들으면 가끔 K가 했던 말이 떠오른다. 몇 년 뒤 '깔끔한 W'가 결핵으로 고생한다는 소식을 들었다. 햇볕이 들지 않는 습한 반지하에 살던 게 원인이었을지도 모르겠다.

보건복지부는 2007년부터 매년 '국민건강영양조사'를 실시한다. 그 자료를 살펴보면 아토피 피부염, 알레르기성 비염, 천식 등 환경 상태에 영향을 받는 것으로 알려진 질병의 유병률이 청년층에서 높게 나타나며 상황은 점차 악화되고 있다. 천식은 불과 10년 전만 하더라도 중·고령층에서 유병률이 높았는데 이제는 청년에게서 더 쉽게 발견된다(도표24 참조). 이를 두고 "요즘 애들은 왜 이리 나약해"라고 말하려나?

물론 주변에는 좋은 환경에서 사는 친구들도 있었다. '지방 유지의 자손 F'는 학교 근처 오피스텔에 살았다. 10평쯤 되는 곳이었는데 전세 7,000만 원이라고 했다. "풀옵션, 도시가스, 개별난방, 복층 구조, 탁 트인 전망의 이중창"이라는 부동산 중개 업소의 광고를 보고는 조금 부럽다고 생각했다. 그런데 빨래는 어디

24. 연령별 질병 유병률

█ 2007 █ 2014

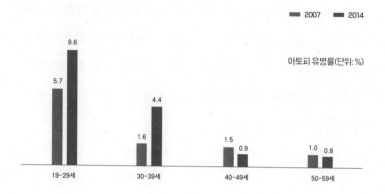

아토피 유병률(단위: %)

5.7 / 8.6 — 19-29세
1.6 / 4.4 — 30-39세
1.5 / 0.9 — 40-49세
1.0 / 0.8 — 50-59세

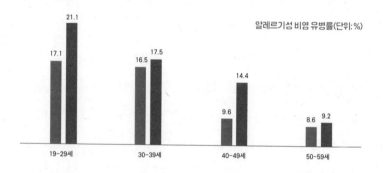

알레르기성 비염 유병률(단위: %)

17.1 / 21.1 — 19-29세
16.5 / 17.5 — 30-39세
9.6 / 14.4 — 40-49세
8.6 / 9.2 — 50-59세

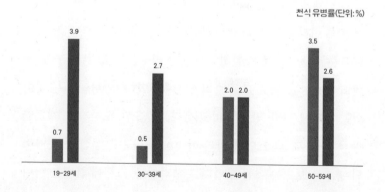

천식 유병률(단위: %)

0.7 / 3.9 — 19-29세
0.5 / 2.7 — 30-39세
2.0 / 2.0 — 40-49세
3.5 / 2.6 — 50-59세

보건복지부, 국민건강영양조사

에 널지? F의 오피스텔에는 빨래를 널 만한 공간이 없었다. 그리고 관리비가 한 달에 25만 원. 딱 K가 살던 고시원 비용과 같았다.

그나마 집안 형편이 괜찮았던 친구들은 대체로 전세 4,000~5,000만 원 수준의 4평쯤 되는 원룸에 살고 있었다. 비슷한 원룸을 보증금 500만 원에 월세 40~50만 원씩 내면서 사는 친구들도 있었다. 바퀴벌레나 곱등이, 눅눅한 장판이 싫으면 어쩔 수 없이 감내해야 하는 가격이었다. 그 친구들의 속도 쓰리긴 마찬가지 아니었을까?

삶이 조여오다

오늘도 작업실에서 밤을 꼬박 지새운 '초췌한 A'는 초조하다. 이번에도 지난 학기와 같은 성적표를 받으면 장학금은 고사하고 학자금 대출을 받기도 어렵다. 교수님 마음에 드는 작품을 내서 성적 올리느니 차라리 취업을 위해서 그럴듯한 포트폴리오를 만드는 게 중요하다고 말하는 친구도 있지만, A에게는 그럴 여유가 없다. 방을 구하면서 부모님께 적지 않은 부담을 드린 터라 더 이상 의지하기도 쉽지 않다.

입학할 때 450만 원이던 등록금은 3학년이 되자 500만 원으로 올라 있었다. 등록금 외에도 실습 재료비로 한 학기에 100만 원이 든다. 방학 내내 알바를 해서 모을 수 있는 돈이 300만 원이

25. 옥탑방 보증금, 억울해도 어쩔 수 없는 가격

한국감정원에서 제공하는 전세가격지수를 적용하면
2006년에 4,000만 원을 달라고 했던 A의 옥탑은
2016년에는 6,500만 원까지 오른 것으로 계산된다.
하지만 실제로는 전세금으로 1억 원이 호가되고 있다.
통계는 통계일 뿐.

6.5

4.8

4.4

3.9

4.0 2006년 A의 옥탑 전세금

2001.01   2004.01   2007.01   2010.01   2013.01   2016.01

니 굶고 살아도 학업을 이어가기 어렵다. 결국 장학금이나 학자
금 대출이 막히면 한 학기 다니고 1년 휴학하는 식으로 버틸 수밖
에 없다. 이미 2학년 2학기를 앞두고 1년간 학비와 생활비를 마
련했었는데, 3학년 1학기를 앞두고 다시 휴학을 해야 하는 상황
이다.

"요즘 집세 많이 오른 거 알지? 전세금 올려줘야겠는데?"

"얼마나요?"

"시세대로면 1,000만 원은 올려야지. 그런데 다른 사람 다시
들이면 복비, 수리비 들고 하니 200만 원 정도 빼줄게. 정 어려우
면 월세로 돌려도 되고."

지난 학기 학비와 생활비로 모아놓은 돈을 거의 써버린 A는 다
시 전세금을 올려줄 여력이 없다. 주변에 이사할 집을 찾아보니

전세 3,000만 원으로는 W가 살던 눅눅한 방을 얻을 수 있었다. 2년 전에 정말 싸게 나온 집이라는 복덕방 아저씨의 말이 새삼스레 떠올랐다.

2001년부터 2012년까지 서울 강북의 연립·다세대주택의 전세가격지수 추이를 살펴보면 2006년 초반은 그리 가격이 높은 시기는 아니었다(도표25 참조). 어떤 이유인지는 모르겠으나 싸게 내놓았다가 이제 시세대로 올려 받으려는 심산인 듯했다. 어쩌면 얼마라도 월세를 받고 싶었을지도 모른다. 결국 다달이 10만 원의 월세를 내는 반전세로 재계약했다. 이후 서울의 전세 가격은 미친 듯이 오르기 시작했다. 전세금을 감당하기 어려워 월세로 전환하는 사례도 흔해졌다.

무모함, 주도면밀, 혹은 약간의 복지

부모님으로부터 도움을 받은 '그나마 복된 A'는 상황이 나은 편이다. 애초에 집에서 보증금을 보태줄 여력이 없었던 친구들은 고시원을 전전하거나 50~60만 원이나 하는 월세를 부담하기 위해서 밤낮없이 아르바이트를 해야 했다. 불황이 계속되면서 일자리를 찾기도 점점 어려워졌다. 졸업 후 취업을 못한 선배들과 새로 들어온 신입생들이 한정된 일자리를 두고 경쟁을 하는 형국이라 상황은 계속 나빠지기만 했다.

A가 3학년 2학기를 앞두고 복학했을 때 과에서 가장 큰 이슈

는 아직 4학년이었던 동기 '낭만적인 B'와 2년 선배 '흔치 않은 H'의 결혼이었다. 양가 모두 넉넉한 집안이 아니었던 터라 우려와 만류가 적지 않았을 텐데 둘은 과감하게 결행했다. 88만 원 세대라 불리며 연애조차 힘겨워하던 우리에게 다소의 놀라움을 안긴 그 사건은 그들의 미래에 대한 의문을 남겼다. 이런 우리에게 B는 "어떻게든 되겠지"라며 그다운 대답을 남겼다.

"모아둔 돈 있어."

H에게 이런 면이 있었다니 의외였다. 그리고 신혼집을 학교 앞 4평짜리 원룸에 차렸다. 보증금 500만 원에 월세 50만 원. 그럼 그렇지. 여러모로 싱거운 H. 하지만 혼례를 치른 후 5개월 만에 첫째 아이가 태어났고, 원룸의 신혼 생활은 우리의 상상에 100을 곱한 만큼 괴로워졌다고 했다.

"아니 하루 이틀도 아니고, 매일 이게 뭡니까? 당신들은 양심도 없어요? 어떻게 원룸에서 애를 키울 생각을 해요? 지금 집 울리는 거 봐요. 내일 일찍 나가야 하는데 환장하겠네, 정말."

최대한 곱게 표현한 옆집의 반응이다. 사과로 시작했다가 싸움으로 번지는 경우가 많아졌다. 문 두드리는 소리만 들려도 신경이 곤두설 지경이었다고 한다. 다행스럽게도 B와 H의 고행은 아이가 태어난 지 2개월째에 조금 나아졌다. 보다 못한 외가에서 아이를 맡아주었기 때문이다. 빨리 학업을 끝내고 자리를 잡아야 가족의 생이별을 끝낼 수 있을 것이다.

'여전히 의외인 H'는 졸업을 얼마 앞두고 중견 디자인 회사에 취직했다. 부창부수라더니 얼마 있다가 B는 중견 출판사에 취직했다. 1년 후 B와 H는 인근 시세의 70퍼센트로 공급하는 신혼부부 전세임대에 당첨됐다. '여러모로 흔치 않은 H'는 10년 이상 가입한 청약예금을 가지고 있었고, 아이를 낳은 덕에 우선순위가 되었으며, 디자인 계통의 낮은 임금까지 가점된 결과였다. 전세보증금 1억 2,000만 원은 약간의 전세 대출, 그동안 아껴 모은 돈, 이제는 많이 너그러워진 양가 부모님의 도움으로 마련할 수 있었다. 7년째 장기 전세임대주택에서 살고 있는 B와 H는 한 달에 300만 원 조금 넘게 벌지만 큰 어려움 없이 두 아이를 키우고 있다(도표26 참조).

그리고 빚이 쌓였다

4학년을 앞둔 '절박한 A'는 이미 4번이나 휴학했기 때문에 더 이상 졸업을 미룰 수 없었다. 취업을 위해 포트폴리오도 마련하고 학점도 보충하기 위해서는 더 이상 휴학과 알바를 반복할 수도 없다. 어느덧 스물일곱. 적지 않은 나이에 진퇴양난, 첩첩산중, 사면초가에 직면했다.

다행히 등록금은 대학 생활 내내 A를 외면했던 학자금 대출을 받게 되면서 해결됐다. 부모의 소득이 점점 줄어드는 쓸쓸함을 삼키며 목숨 걸고 올린 성적의 대가였다. 당장의 위기는 넘겼지만, 대신 졸업 후 3년 이내에 갚아야 하는 빚 1,000만 원이 생겼다.

대학 졸업장을 따기 위해서 휴학과 알바를 반복하다가 결국 빚만 짊어지게 되는 상황은 한국 청년들에게 일반적이다. 신용카드 돌려 막기는 기본이고 사채와 다를 바 없는 고이율의 대출에 의존하는 친구들도 있었다. 당장 방세도 내고 먹고는 살아야 한다는 생각에 발을 들인 것이 돌이킬 수 없는 결과를 초래했다. 아니, 어쩌면 결과를 알면서도 모르는 척했는지도 모른다.

통계청의 가계금융·복지조사를 살펴보면 2010년 빚이 있는 30세 미만 가구의 신용대출 중간값은 870만 원이었는데 2012년 1,220만 원으로 급격하게 증가한 뒤 줄어들 기미가 보이지 않는다(도표27 참조). 1,220만 원은 1년치 대학 등록금(700~1,000만 원)에 임대보증금(200~500만 원)을 합친 수준이다.

A는 학자금 대출로 한숨 돌리긴 했지만 여전히 생활비를 마련할 방법이 없었다. 어쩔 수 없이 방을 빼고 보증금을 생활비로 사용하게 되었다. 다행히 기숙사 생활을 통해 절친이 된 G의 집에서 월세 절반을 부담하는 조건으로 함께 살게 되면서 집 문제도 해결됐다. 월세 30만 원, 생활비 월 15만 원, 졸업작품전을 비롯한 포트폴리오 제작비 월 평균 25만 원…. 이런 식으로 1년을 지내고 나니 3,000만 원이었던 보증금은 2,000만 원으로 줄어들었다.

선배들 얘기를 들어보면, 예전에는 동기나 선후배가 방을 같이 쓰는 경우가 많았다고 한다. 2인 1실의 하숙방도 흔했는데, 그렇

26. 공공임대주택 현황

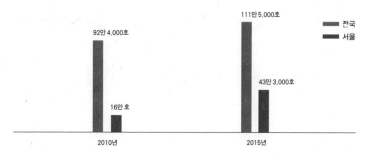

92만 4,000호

111만 5,000호

16만 호

43만 3,000호

2010년

2015년

전국
서울

국토교통부, 임대주택 통계 / 통계청, 주택총조사

27. 30세 미만 신용대출 중간값(단위: 백만 원)

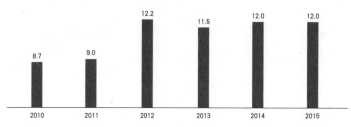

8.7

9.0

12.2

11.5

12.0

12.0

2010 2011 2012 2013 2014 2015

통계청, 가계금융·복지조사

28. 20~29세 비혈연동거(단위: 만 명)

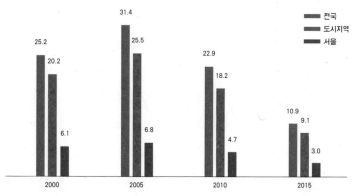

25.2
20.2
6.1

31.4
25.5
6.8

22.9
18.2
4.7

10.9
9.1
3.0

2000 2005 2010 2015

전국
도시지역
서울

통계청, 인구총조사

게 불편함을 감수한 이유는 두말할 것 없이 방세가 비쌌기 때문이다. 과거에는 식구 여럿이 한 방에 지내는 경우도 많았으니 심리적 부담이 덜했겠지만, 요즘에는 가족이라도 방을 따로 쓰는 것이 일반적이어서 친구와 방을 같이 쓰는 경우가 드물다. 열악한 환경에도 고시원이 장사가 되는 이유이다.

그래도 고시원의 열악함을 견디기 힘든 친구들은 여전히 방이나 집을 나눠 쓰고 있다. 인구총조사 자료를 살펴보면 2010년 서울 기준으로 20~29세인 청년 4만 7,000명이 가족이 아닌 사람들과 동거를 하고 있었던 것으로 나타난다. 2015년 자료를 살펴보면 여전히 3만 명이 비슷한 생활을 하고 있다(도표28 참조). 심지어 고시원에도 2인 1실이 등장했다. 통계에 잡히지 않는 경우까지 고려한다면 실상이 얼마나 열악할지는 누구도 알 수 없다.

악순환, 서른의 일상

졸업을 하니 스물여덟 살. 청춘의 종착역에 점점 다가가는 '음울한 A'의 주변에서는 구직난이 지속되고 있었다. 그리고 집도 다시 구해야 했다. G가 동생과 함께 살게 되었기 때문이다. 보증금 2,000만 원으로 예전에 살던 옥탑방과 같은 집을 구하려니 월세가 60만 원이나 필요했다. A가 틈틈이 외주 작업과 아르바이트를 해서 버는 돈이 한 달 평균 90만 원 남짓이었다. 월세 60만 원에 공과금 등 15만 원을 내고 남는 15만 원으로 한 달을 버티는

29. 샤워부스 딸린 고시원 ○○ 팰리스보다 비싸

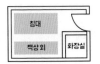

 고시원 **월세 45만 원
(마포 상수동)**

- 방 면적 : 2평 → 평당 23만 원

고시원 평당 월세 **주상복합 평당 월세**

 **주상
복합** **월세 500만 원
(강남 논현동)**

- 보증금 1억 원
- 순수 월세 환산 940만 원,
  전용면적 42평 → 평당 22만 원

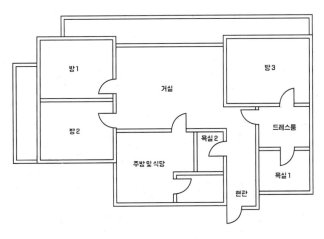

한국감정원, 규모별 전월세전환율(2016년 7월 규모3 기준 4.4%)

일상이 반복됐다.

A는 20대 후반 취업 적령기에 일자리를 찾지 못했고, 결국 서른 살을 넘기고 말았다. 학자금 대출을 갚고 나니 부모님이 보태주셨던 3,000만 원 중 남은 건 800만 원에 불과했다. 30대가 되자 아르바이트 자리를 구하는 것도 눈치가 보였다. 아는 선배의 학원에서 임시 강사로 일하고, 닥치는 대로 일감을 받아서 철야 작업을 해도 매달 몇 만 원씩 적자가 쌓이는 삶이 계속됐다. 그런데도 세상은 A가 속한 세대를 삼포니 오포니 하면서 사회 문제라고 떠들었다.

보증금 500만 원에 월세 55만 원인 반지하를 거쳐 월세 45만 원에 샤워부스가 딸려 있는 2평짜리 고시원에 살게 된 서른한 살 A. K가 기거하던 누추하고 비좁은 그 고시원은 아니라고 애써 위안을 삼아보지만, 무심코 돌아본 고시원 복도는 여전히 음울했다(**도표29** 참조).

그곳에, 있다

"발코니를 여기에 내면 자연스럽게 거실로 연결되고…. 이쪽에 화분을 두면 되겠네. 식탁을 여기에 두면 음식 나르기 번거로울까? 그럼 이쪽으로 옮기자. 공부방은 어디에 둘까? 여기는 주방과 너무 가까운가?"

"열심이네. 잘 돼가?"

G가 생긋 웃으며 생각을 깨운다.

'여전히 발랄한 G'는 지금 '주택협동조합 M'의 이사장이고, A는 발기인이자 조합원이다. 디자인 일을 한다는 이유로 A가 3호 집의 기본 구상을 담당하고 있다. "서울에 살고 있는 청년들이 내는 월세를 따져보면 수조 원이 될걸요? 그중 1,000분의 1만 모아도 우리들을 위한 새로운 주택을 마련할 수 있지 않을까요?" 협동조합 설립총회에서 G가 한 말이다. 아이디어는 간단하고 명쾌하다. 청년들이 서로 손에 손을 잡고 자신들의 주거 문제를 스스로 해결해보자는 것이다. 경영학을 전공한 G, 미대 나온 A, 건축하는 C, 철학과 P, 시민단체에서 일하는 O, 회사 다니는 T 등 각양각색의 청년들이 서로 힘을 보태면서 협동조합을 꾸려가고 있다.

'10여 년 전 부모님이 보내준 3,000만 원은 어디로 갔을까?'

2년 전 문득 이런 생각을 하게 된 A는 대학 입학 이후의 생활을 더듬어보았다. 답은 의외로 명확했다. 대부분이 A에게 집을 임대한 사람들의 주머니로 흘러갔다. 수많은 청춘이 밤잠을 잊고 일해서 모은 돈이 집을 가진 사람들의 호주머니를 채우는 데 쓰인 것이다. 이런 사실을 깨달은 A는 주택협동조합을 만들어보자는 G의 제안에 선뜻 응할 수 있었다.

집값이 이미 오를 대로 오른 서울에서 청년들의 힘만으로 주택을 마련하는 일은 쉽지 않았다. 하지만 총회 이후 2년이 지난 지금 M은 이미 2채의 집을 운영하고 있다. 그중 2호 주택에 A의 방이 있다. 조합 출자비 500만 원, 월 이용료는 30만 원. 아주 저렴하다고 보기는 어렵지만 2.5평의 방을 사용하는 대가로 비싸다고만 볼 수도 없다. 무엇보다 M에 내는 월 이용료가 누군가의 주머니를 채우기 위한 것이 아니라 '우리의 집'을 만드는 데 쓰이고 있다는 사실이 A는 만족스러웠다.

아직 갈 길은 멀다. 수백 명의 조합원 모두에게 언제쯤 주거 서비스를 제공할 수 있을지 기약하기 어렵다. 최근에는 부동산 활성화 정책으로 다시 주택 가격이 오르면서 비영리목적의 주택 사업에 어려움이 가중되고 있기도 하다. 하지만 내일 일은 내일 걱정하면 될 일. 지금 이 시간에도 연대의 손길을 내미는 사람들이 끊이지 않고 있다. 이 손을 놓지 않는 한 A가 다시 우울해질 일은 없을 것이다.

4

홀가분한 후퇴

나는 왜 KTX 통근자가 되었나

주지호
32세
직장인

KTX를 타고 아산의 집에서 서울 강남의 회사로 출퇴근하는 주지호 씨는 인터뷰를 통해 지방에 사는 청년이 일자리를 찾고 가정을 꾸릴 때 겪는 어려움을 들려주었다.

지호 씨에게 장거리 통근은 익숙한 것도, 처음부터 계획된 것도 아니었다. 그는 지방 출신으로 고등학교 때부터 학교에서 기숙사 생활을 했고, 대학과 대학원에 다닐 때도 기숙사에서 생활하거나 도보로 10분 거리인 곳에서 자취했다. 결혼 전에도 집에서 회사까지 통근시간이 30분을 넘지 않았다. 그는 결혼을 준비하면서 직장이 있는 서울에 집을 알아보았지만 수중에 가진 돈으로는 거주 환경이 좋은 전셋집을 구하기 힘들었다. 여러 고민 끝에 그는 아내의 연고지와 가까운 아산 지역에 집을 얻었다.

그는 거주 환경의 쾌적함, 비교적 적은 주거비와 생활비, 근교에 볼거리가 많다는 점 등을 아산 생활의 장점으로 꼽았다. 하지만 지방 생활에 장점만 있는 것은 아니었다. 그는 서울과 지방의 결정적인 차이로 문화·교육·의료 환경을 꼽았다. 또한 회사 밖의 인적 네트워크를 유지하기 어렵다는 점도 이야기했다.

지호 씨는 결혼 전 아산 지역의 한 대학에서 계약직으로 근무한 적이 있었다. 그

때 충청도 지역에서 자신의 전공과 관련 있는 분야의 일자리를 구해보았지만 마땅한 자리를 찾을 수 없었다. 임금을 70퍼센트 수준으로 낮추어도 찾을 수 없었다. 일자리가 해당 지역 산업 구조의 대부분을 차지하는 제조업에 한정되어 있었기 때문이다.

지호 씨는 서울의 취업 준비생들은 회사의 근무 환경이나 복지·보수에 대한 관심이 높은 반면, 지방의 취업 준비생들은 자신이 일하려는 업종이 위치한 지역을 찾는 것에도 어려움이 있다고 설명했다. 보통 지자체가 하나의 산업에만 집중 투자하여 사업체를 유치하기 때문이다. 즉 그 산업과 관련 없는 학과를 전공한 학생들은 지역 내 취업이 거의 불가능하고, 이것이 청년 인구 유출의 원인이 된다.

"저도 일자리를 구하고 싶었지만 이곳에 없다 보니까 서울로 가게 된 경우죠. 지방자치단체들이 특화에만 몰두하지 말고 조화를 이룰 수 있는 일자리를 늘리면 청년들도 그 지역으로 이동해 올 수 있지 않을까요."

지호 씨는 현재 교육 연구 활동을 담당하는 연구원으로 일하면서 다양한 청년들을 만나고 있다. 그런데 학생들은 사회 초년생의 평균 임금보다 높은 임금을 요구하는 반면 지역의 산업체들은 학생들을 저임금으로 고용하려는 경향이 강하다고 말한다. 그는 이 격차를 해소하기 위해서 어떤 노력이 필요한가라는 질문에 "산업체 – 대학 – 학생의 연결고리를 강화해, 정보와 인재상을 공유하는 통로가 넓어져야 한다"고 답했다.

인터뷰는 현재와 같은 상황에서는 지방 청년들이 '서울=해결'이라는 공식을 가질 수밖에 없다는 결론으로 이어졌다. 청년들은 지방을 떠나고, 지방의 기업들도 숙련된 인력을 양성하기보다는 청년 노동자들을 단기간 저임금으로 고용하는 악순환이 지속되고 있다. 지방의 청년 공동화 현상은 지방의 경제를 망치는 데 그치지 않고, 국가 산업 전반의 발전을 가로막는다. 이 현상을 해결하기 위해서 국가와 지자체, 학교와 기업이 머리를 맞대야 할 때이다.

현재의 자신을 소개해주세요.

저는 32세, 현재 서울에서 연구직에 종사하고 있는 주지호입니다. 거주지는 아산시입니다. 매일 아산에서 서울까지 출퇴근을 하고 있고, 결혼해서 가정을 꾸린 지 1년이 되었습니다.

요즈음 겪고 있는 생활의 어려움은 무엇인가요?

아이가 태어나면서 새롭게 늘어난 비용이 걱정스러워요. 그리고 지금 사는 곳의 교육이나 여가 및 문화 활동이 서울보다 부족하지 않을지 걱정입니다.

지금 세 식구가 한 달에 사용하는 생활비는 어느 정도인가요?

주거비는 저희가 전세라서 따로 나가는 것은 없어요. 관리비로 월 20만 원 정도씩 지출하고, 식비가 80만 원 정도이고, 교통비는 제가 출퇴근 하는 데 드는 비용이 40만 원이에요. 더해서 차량 유지비 10만 원, 기타 생활용품 구입비로 40~50만 원 정도 사용합니다.

지호 씨의 임금 외에 다른 가족 구성원의 수입은 없나요?

없습니다. 직장에서 나오는 제 월급으로 생활비의 대부분을 충당하고 있습니다. 기타로 연구수당이나 연구활동비 등의 추가 수당이 조금 들어오고요. 그렇게 번 돈으로 월 200만 원을 지출하고 100만 원씩 저축하고 있습니다.

전세 보증금은 얼마인가요?

전세가 1억 6,000만 원이었어요.

전세금 마련을 위해 대출을 받지는 않았나요?

대출은 받지 않았어요. 할 수 있는 한 대출 없이 살려고 합니다.

지금 어떤 일을 하고 있나요? 그리고 그 일을 선택하게 된 이유는 무엇인가요?

현재는 A협회 교육협력실에서 연구원으로 일하고 있습니다. 국가 연구과제나 연구사업의 실무자 역할을 하고 있습니다. 이 일을 선택한 이유는, 예전에는 연구행정 쪽 업무를 했는데 그쪽은 전공과 관련이 없었습니다. 전공과 관련 있는 분야에서 전문성을 키우려고 이직했고, 이제 3년차가 되었습니다.

졸업 후 지금까지 일을 한 기간은 어느 정도인가요?

석사를 마치고 바로 B대학교에서 1년간 일했습니다. 이어서 여기에서 3년을 보냈으니, 총 4년 되었습니다.

당장은 대출 계획이 없다고 말했지만, 집을 사야 하는 상황이 오면 대출을 받으려고 합니다. 그렇게 해서 집을 구매하려고요.

만약에 지금보다 소득이 늘어나게 된다면 어디에 가장 먼저 쓸 것 같나요?

개인적으로는 저축이나 저금을 먼저 늘리고, 두 번째는 가족과 관련된 데에···. 지금은 주택 마련에 먼저 쓰고 싶습니다. 앞에서 당장은 대출 계획이 없다고 말했지만, 집을 사야 하는 상황이 오면 대출을 받으려고 합니다. 그렇게 해서 집을 구매하려고요.

어느 지역에 집을 구입할 계획인가요?

천안아산 쪽에요.

혹시 이 지역에 개인적인 연고지가 있나요?

아뇨. 저는 없고, 전적으로 아내가 나고 자란 동네여서 살게 되었습니다.

앞으로 40대 후반, 50대가 되었을 때 기대하는 소득 수준은 어느 정도인가요?

월 600만 원 정도요. 저희 회사 직원들의 나이와 직급에 따른 연봉을 반영한 금액입니다.

앞에서 집을 살 때 대출 같은 부채를 통해 투자할 생각이 있다고 말씀하셨어요. 집 외에도 자기계발이나 다른 목적을 위해서 대출을 받을 의사는 없나요?

만약 대학원 박사과정 들어가게 되면, 그래서 생활비를 마련하는 데 어려움이 생기면 대출이 필요하지 않을까 생각합니다.

박사과정에 들어가면 일을 그만두어야 하나요?

지금 회사에 대학원 진학을 지원하는 제도가 있어서 그걸 활용할 계획이에요. 내년부터 저도 그 제도의 지원을 받을 수 있습니다.

그러니까 학업과 직장 생활을 병행할 수 있다는 거죠?

일단 그렇습니다. 그런데 만약에 병행하기 힘든 상황이 오면 대출이 필요해질 수도 있겠죠.

대출을 받아서라도 집을 장만하거나 학위를 따려는 이유는 무엇인가요?

일단 집의 경우는 안정적인 여건을 만들어놓은 상태에서 제가 계속 일을 하면 상환 능력이 되니까 가능하다고 생각해요. 가장 큰 이유는 아이가 태어나면서 때마다 이사하는 일의 현실적인 어려움이 커졌어요. 그래서 일단 집을 마련하려고 합니다.

미래에 대한 단기·중기·장기 계획을 다시 한 번 정리해주실 수 있을까요?

개인적이기는 한데, 단기적으로는 지금 하고 있는 업무에서 선임연구원으로 올라가는 것입니다. 회사에서 승진하는 것을 목표로 잡고 있어요. 중기적으로는 지금 제가 맡고 있는 사업을 더 주도적으로 진행할 수 있는 책임자급으로 올라서고 싶습니다. 장기적으로는 학위를 받은 뒤 조금 더 큰 기관으로 이직하는 것도 생각하고 있습니다. 더 큰 전문기관으로 옮겨서 고급 인력으로 일을 해보고 싶은 것이죠.

계획이 자신의 커리어 중심으로 짜여 있고, 그것에 따라 집이나 여러 주변 여건을 구성하려는 것이군요.

그렇죠. 이야기한 것처럼 먼저 집 문제를 해결하고 싶어요. 제가 계속 서울로 출퇴근을 할 계획인데, 이것도 고정적인 수입이 있어야 가능한 일이에요. 수입이 증가해야 더 안정적으로 생활할 수 있을 것 같습니다.

이제 통근 경험이나 지방에서 서울로 출퇴근 하는 상황에 대해 질문하겠습니다. 먼저 학창시절의 등하교 경험을 설명해주세요.

고등학교 때까지는 경남 진해에 거주했습니다. 대학은 강원도 원주에서 나왔습니다.

대학 때는 학교 근처에서 살았나요?

예, 그렇습니다. 기숙사와 자취요. 통학 거리는 도보로 10분 정도였어요. 고등학교 때도 기숙사 생활을 했어요. 집은 진해인데, 마산에 있는 학교에 다니며 기숙사 생활을 했습니다. 그때부터 쭉 외지에서 생활하고 있습니다. 그러다 2년간 군생활을 서울에서 했습니다. 전역 후 대학원에 가서도 대학생 때와 똑같이 원주에서 학교와 집이 10분 거리인 곳에 살았어요. 대학원 졸업 후에 B대학교가 있는 아산으로 옮겨와서 회사 앞에서 자취를 했습니다. 도보로 10분 정도였어요. 이직해서 직장을 서울로 옮기고 처음에는 지하철로 20분 정도 떨어진 곳에서 자취했습니다. 결혼 후에 집을 천안아산 지역에 구했고 지금은 KTX로 1시간 50분 정도 걸립니다.

편도인가요, 왕복인가요?

편도요. 왕복으로는 하루 4시간 정도를 통근에 쓰고 있습니다.

이렇게 먼 거리에서 통근을 해야 하는 상황은 최근에 시작된 것이네요. 직장을 거주지 근처로 옮기거나 거주지를 서울로 옮길 계획은 없나요?

고려해본 적은 있어요.

직장을 옮기는 것과 집을 옮기는 것 중에서 어떤 선택을 더 많이 고민했나요?

직장을 거주지 근처로 옮기는 것을 먼저 생각했는데, 일단 제 전공과 관련된 업무를 할 수 있는 곳이 천안아산 지역에 없었습니다. B 대학교에 1년간 근무하면서 6개월 정도는 알아보았지만 그런 자리가 전혀 없었어요.

B대학교에서 일할 때 고용 형태는 무엇이었나요?

그때는 계약직이었습니다.

천안아산 지역에서 계약직으로 근무하면서 이직을 위한 구직 활동을 해봤지만 찾을 수 없었다는 이야기이죠?

전공을 살릴 수 있는 자리가 전무했어요. B대학교의 일도 전공과 관련된 업무는 아니었고, 거기에서 전공을 살릴 수 있는 자리를 찾아보았지만 전혀 찾을 수 없었어요. 결국 어쩔 수 없이 서울 쪽을 알아보고 지금 회사로 옮기게 되었습니다.

일자리 자체는 많았나요?

네. 그런데 제 전공과는 너무 동떨어진 업무들이었어요. 제조업이나 공장 업무가 대부분이었어요. 제가 원한 것은 사무나 연구직, 혹은 교직원 쪽이었는데 현실적으로 지역이 다르다 보니까, 환경도 잘 모르다 보니까 일자리에 접근하는 데 어려움이 많았습니다.

왜 천안으로는 오게 된 건가요?

처음 구직을 할 때, 직군을 고려하다 보니 천안으로 오게 되었어요. 원래는 연구소 쪽으로 생각하다가 생각이 바뀌어서 교직을 찾고 있었어요. 그렇게 오게 된 것인데, 비정규적이기도 하고 장기적으로 생각했을 때 안정감이 떨어지니까…. 흥미가 있어서 시작했지만 현실에는 어려움이 많았어요. 두 번째로 서울로 옮기는 것도 고민했는데, 현실적인 문제들…. 집값 같은 것이 현재 수입으로는 감당할 수 없는 수준이죠. 부동산을 통해 아파트를 알아보았는데, 지금 가진 전세금으로 구할 수 있는 집은 천안아산 지역과 생활 환경 차이가 너무 컸어요. 아이는 태어났는데 집은 훨씬 더 좁아져야 했죠. 출퇴근에 드는 비용과 서울의 거주 비용을 따져봐도 지방에서 지내는 것이 더 윤택하게 살 수 있을 것 같았습니다.

큰 변화가 없다면 현재의 통근 방법을 계속 유지할 계획인가요?
계속 유지할 것이고, 만약에 기회가 닿아 지방에서 원하는 일자리를 구하더라도 회사는 옮기되 이 지역에 계속 거주할 것 같습니다. 왜냐하면 아내 쪽에 더 비중을 두기 때문이죠. 결혼할 때도 아내에게 맞춰서 생활권을 형성했기 때문에 그걸 유지하는 것이 더 중요하다고 생각해요.

서울 생활과 지방의 생활을 비교하면 어떤가요?
서울이나 천안아산이나 생활하는 것은 크게 다르지 않다고 느껴요. 다만 선택의 폭이 넓은 것이 서울의 장점입니다. 특히 여가나 교육 환경 부분에서요. 여가나 교육의 기회는 서울이 확실히 좋아요. 그렇다고 여기가 많이 부족한 것은 아니지만, 상대적으로 봤을 때 차이는 분명히 있습니다. 가장 큰 차이는 집을 구할 때의 비용입니다. 집을 구하면서 광명 지역도 생각했는데, 거기도 많이 비쌌어요.

안산이나, 다른 수도권의 도시도 있잖아요. 광명도 지금 KTX 교통권이고요. 수도권 도시도 생각해봤나요?

당시에 저는 출퇴근 시간을 가장 중요하게 고려했어요. 가족과 함께 보내는 시간을 최대한 확보하고 싶었죠. 저희 회사에 안산에서 출퇴근하는 분이 있어요. 그분은 교통이 불편해서 버스로 출퇴근하는 데 2시간씩 걸려요. KTX를 안 타면 비용은 조금 줄지 모르지만 시간적인 장점은 없어요. 또 워낙 차에서 보내는 시간이 길다 보니 비효율적인 것도 많죠.

아산에 살면서 답답했던 점은 어떤 것인가요?

병원 시설도 선택지가 많이 부족한 것 같습니다. 또 가족 행사 등을 할 때도 거주지는 지방인데 회사는 서울이다 보니 사람들을 초대하기 힘든 부분이 많았습니다. 돌잔치도 문제였죠. 아이 돌잔치를 여기에서 하는데 서울에 살고 있는 직장 동료들을 초대하기 어렵잖아요. 제가 가는 경우도 마찬가지였고요. 주말에 동료의 행사에라도 다녀오면 밤 11시가 넘으니까, 가족과 보낼 시간이 사라지잖아요. 그런 게 다 제한이었어요.

혹시 주변에서 지방에 자리를 잡는다거나 지방에서 서울로 출퇴근을 하는 걸 고민하고 있다면, 혹은 신혼집을 구하는데 서울로 해야 할지 지방으로 해야 할지 고민 중이라고 조언을 구해온다면 지호 씨의 생활을 추천해줄 의향이 있나요?

그건 개인의 의지에 달린 것 같아요. 추천하고 싶지는 않습니다. 왜냐하면 이렇게 생활하다 보면 출퇴근 거리나 시간 때문에 다른 제한들이 많이 생겨요. 물론 당사자가 가능하다고 판단한다면 언제든지 극복할 수 있는 문제이기도 하죠. 선택하기 나름인 것이죠. 희생해야 하는 것들이 반드시 생기거든요. 가족들과 보낼 수 있는 시간도 줄어들고 몸이 피곤하기도 하고. 그런 것들에도 불구하고 제가 선택한 이유는 서울의 집값이나 생활비보다 제가 출퇴근하면, 제가 조금만 더 고생하면 가족들이 더 좋은 환경에서 생활할 수 있다는 부분이 중요했어요.

이곳에서는 어떤 활동으로 여가를 채우나요?

소소한 일들이죠. 주변에 있는 시설을 이용해서 시간을 보낸다거나, 아니면 근교로 나가서 시간을 보내죠. 오히려 지방이 조금만 벗어나면 볼 수 있는 것들이 훨씬 더 많으니까요. 서울은 그 지역에만 국한되어 있지만 지방에서는 다양한 방면으로 가볼 수 있죠.

지방에서 서울로 가려고 노력하는 청년들을 보면 어떤 기분이 드나요?

일단 최근에 제가 2년간 출퇴근을 하면서 놀란 부분이, 굉장히 많은 사람들이 저처럼 지방에서 서울로 통근을 해요. KTX 자유석을 이용하는데 줄을 서서 기다려야 할 정도이니까요. 많은 사람들이 서울에 부담을 느끼고 지방으로 내려와서 통근하는 모습을 보게 되었어요. 그러니까 수요는 굉장히 많은 것 같고, 아무래도 서울에서의 경쟁이나 환경을 청년들이 감당하기 어려워졌기 때문에 지방으로 많이 내려오는 것 같아요. 저도 서울에 있을 때보다 심리적인 여유가 많이 생겼어요. 그냥 공간의 차이일 뿐인데, 답답한 것이 많이 줄어들었죠.

그럼에도 불구하고 지금 천안아산 지역에도 서울로 진입하기 위해 노력하는 청년들이 많아요. 이건 어떻게 생각하세요?

개인적으로 좋은 현상은 아니라고 봐요. 지역 균형도 맞아야 하는데, 단순히 서울이 좋다더라는 생각으로 가는 사람도 많을 테고요. 주변을 보면 '인 서울' 해야 한다고 생각하는데, 그것보다는 자기 환경이나 지역적인 특성을 고려해서 자신이 판단하고 선택해야 해요.

그러니까 다들 좋다고 하니까, 서울은 기회가 많다고 하니까 가는 상황이라는 이야기이죠?

기회가 많지도 않아요. 막상 가면 그런 기회가 많이 주어지지도 않죠. 자리는 한정되어 있는데 사람이 늘면 그만큼 경쟁이 심화되는 거니까요.

서울에 있는 취준생의 주안점은 근무 환경이나 보수 쪽이었어요. 기본적으로 업무나 직군을 선택하는 데 다양성이 보장되어 있기 때문이죠. 그런데 지방 학생들은 자신이 어느 지역에서 어떤 업무를 해야 하는지부터 고민을 시작해요.

지금도 지방 청년들의 상경이 계속해서 늘어나고 있습니다. 2015년을 기준으로 서울을 제외한 도시 가운데 아산 지역만 청년 인구 유입이 늘었어요. 제조업이 잘되고 있는 도시여서죠. 그런데 나머지 모든 지역에서 청년 유출이 증가하고 있어요. 이렇게 지방 청년들이 빠져나가는 상황을 막기 위해서 어떤 지원이 필요할까요?

교육 쪽 업무를 하면서 학생들 이야기를 들어보면, 생각보다 소득 수준에 대한 현실감각이 부족해요. 굉장히 높은 수준을 요구하죠. 만약에 청년들의 지방 생활을 장려하고 지원할 계획이라면 먼저 지역 업체들의 경쟁력을 키워서 학생과 산업체 간의 임금 눈높이를 맞춰야 할 것 같아요. 지방에 있는 일자리 수도 늘려야 하고요. 아무래도 서울로 가면 임금이 높다고 생각하는 학생들이 많거든요.

서울에 있는 일자리의 보수가 높고 승진 기회도 많다고 생각하는데, 사실상 그것도 제한적인 것 같아요. 저는 한 지역을 한 산업에 국한된 일자리로만 채우는 것이 아니라 다양한 직군의 일자리를 제공하면 다양한 사람들이 모일 수 있을 것이라고 생각해요. 그래야 시너지 효과도 낼 수 있겠죠. 지역도 너무 특화에만 몰두하지 말고 조화를 이룰 수 있는 일자리를 늘리면 청년들이 그 지역으로 이동해 오지 않을까요.

또 서울과 비교하면 지방의 소득 수준이 확실히 낮아요. 저는 방사선학과 출신인데, 똑같은 병동 수준을 갖추고 있는 병원이라 해도 서울과 지방의 임금 차이가 굉장히 커요. 같은 일을 해도 지방에서는 적게 버니까 서울로 올라가고 싶어 하는 것이죠. 비슷한 수준의 직장에서 일을 하는데 얘는 얼마 받고 나는 얼마 받고, 그래서 서울로 가고 싶어지고…. 이런 경우가 굉장히 많아요. 지방의 임금 수준을 어느 정도 서울과 맞춰야 학생들이 서울로 올라가는 것을 막을 수 있겠죠.

지방과 서울에서 같은 일을 할 때 벌 수 있는 소득의 차이가 어느 정도던가요?

월 80~100만 원까지 차이 나요. 같은 직장인데도 말이죠. 같은 규모에 같은 직급인데도요.

그렇다고 해도 서울의 높은 소비물가를 고려해야 하지 않을까요?

그렇죠, 그렇긴 해요. 그리고 임금이 높다고 해도, 증가한 수입을 전부 저축할 수 있는 것도 아니죠. 부가적인 비용이 상승하니까요. 이런 것을 비교하면 사실상 버는 수입은 비슷하다고 할 수 있어요. 결국 실제로 남는 수입은 큰 차이가 없어요. 겉으로 보이는 부분만 서울이 훨씬 더 많이 주는 것처럼 보이죠.

그 부분을 제대로 알리고, 제도적으로 보완할 필요가 있겠어요.

개인적으로도 바라고 있어요. 지역이 특성화되는 것은 좋은데 한 분야로만 특성화되니까 다른…. 원래 모든 업무가 단순히 하나의 일로만 완성되는 것이 아니라 다양한 것들을 조합해서 만들어야 하는 것이잖아요. 그런데 한 분야만 특성화시키니까 다른 분야들이 진입하는 데 어려움이 생기는 것 같아요. 그런 부분을 조금만 완화시켜도 지방 청년들의 생활이 훨씬 좋아질 거예요.

혹시 아산과 서울 말고 다른 곳에서 일자리를 찾아보기도 했나요?

충남 지역을 알아봤죠. 대전과 오송, 당진과 충북도 알아봤어요. 구직 사이트를 보면 천안도 여러 구역으로 나누어져 있어요. 제가 본 곳은 1순위가 충남, 2순위가 충북, 그리고 그다음이 서울이었어요. 임금을 줄이더라도 일할 수 있는 자리를 찾아봤는데, 없었어요. 지금 받고 있는 임금에서 70~80퍼센트로 낮춰도, 지원할 만한 자리가 아예 없었어요.

취업 시장에서 지방에 거주하는 청년과 수도권에 거주하는 청년들이 겪는 문제에는 어떤 차이가 있다고 생각하나요?

제가 학생들을 만나면서 이야기를 들어보면 서울에 있는 취준생의 주안점은 근무 환경이나 보수 쪽이었어요. 왜냐하면 기본적으로 업무나 직군을 선택하는 데 다양성이 보장되어 있기 때문이죠. 그런데 지방 학생들은 자신이 어느 지역에서 어떤 업무를 해야 하는지부터 고민을 시작하고 그다음에 근무 환경을 고려해요. 임금, 그리고 복지를 말이죠. 요즘은 특히 복지를 많이 따지더라고요. 예전에는 무조건 임금이 높은 회사를 선호했는데 지금은 안정적으로 일을 할 수 있는 곳을 찾아요.

그런데 지방에 거주하는 청년들은 먼저 근무지를 생각해야 해요. 전공에 맞는 일을 지역에서 찾는 일부터 해야 하죠. 왜냐하면 자기 지역에는 그 일자리가 없으니까요. 그래서 다른 지역으로 눈을 돌려야 하고, 그다음에야 환경을 체크할 수 있어요.

이런 정보를 얻을 수 있는 취업박람회 같은 행사가 서울에서는 많이 열리는데 지방에는 거의 없어요. 서울에는 정보를 공유할 수 있는 곳이 많은데, 지방은 제한적이죠. 접근할 수 있는 정보나 도움을 받을 제도 등에서 차이가 커요.

지방에서 구직 활동을 하고 있는 청년들에게 나라에서 해줄 수 있는 지원은 무엇일까요?

대학 같은 경우에는 단순히 교육만 하는 곳이 아니라 산업체나 연구소와 함께 있어야 해요. 요즘에는 산업-학계-연구 모델을 많이 늘리고 있어요. 그런 프로그램이 많이 늘어도 결국 그 정보가 학생들에게 제공되지 않으면 운영될 수 없어요. 이런 산-학-연 활동을 대학에서 학생들에게 많이 알리고 거기에 참여할 수 있는 기회를 많이 제공해주면 좋겠습니다. 단순히 학교가 교육만 하는 곳이 아니라 산업 현장에도 학생들을 내보내고 업무를 미리 경험해볼 수 있도록 도와주는 것이죠.

최근에 NCS라고 해서 '국가직무능력표준'도 만들고 있는데요, 실제로 학생들이 이 교육을 통해 현장 업무 능력을 키울 수 있도록 운영되어야 할 것 같아요.

NCS는 대학에서 하는 사업인가요?

지금은 전문대학에서 하고 있지만 곧 대학으로 확산될 거예요. 이것은 어떻게 보면 현장 경험을 쌓은 학생을 사회로 내보낸다는 개념이에요. 대학에서 이런 것들을 잘 만들어서 학생들에게 잘 공급했으면 좋겠습니다.

산업체 같은 경우는 학생들과 연계되어야 하는데요, 지금은 학생들을 저임금으로 취업시키려는 경향이 있어요. 새로 일자리를 찾는 학생들의 임금이나 처우를 개선해야 해요. 자체적인 교육 프로그램도 운영하고 산업체가 적극적으로 대학에 오퍼를 하는 것이죠. 우리는 이런 인재를 원한다고 구체적으로 요구하면 좋겠어요. 또한 요즘 아무리 인터넷이 발달했어도, 결국 취업에 관해서는 오프라인이 중요하다고 생각해요. 그런데 제가 지방에 있으면서는 그런 행사를 경험해보지 못했어요. 서울에서는 정말 많은 행사가 열리는데 말이죠. 거기서 얻는 것들이 구직자들에게는 거의 한 달에 가까운 시간을 아낄 수 있는 정보량이거든요. 지방에 있는 학생들은 한 달을 지고 들어가는 것이죠. 행사에 참여하면 하루에 얻을 수 있는 정보를 직접 찾고 만들어가야 하니까요. 이런 정보의 격차를 줄여야 해요.

이제 마지막 질문이에요. 앞으로 살고 싶은 지역은 천안아산이라고 하셨는데요, 주택 마련에 대한 이야기도 해주셨고요. 이후 거주에 대한 계획을 조금 더 상세히 이야기해 주세요.

저는 일단 역세권을 생각하고 있고, 단독주택을 짓고 싶어요. 이건 최근 이슈를 반영한 것인데, 경주에 난 지진을 보면서 아파트를 꺼리게 되었어요. 개인적으로는 내진 설계가 된 단독주택에 살고 싶어요. 아이도 있고, 와이프도 아파트를 무서워해요. 그래서 역 근처의 단독주택을 생각하고 있어요.

만약에 자녀가 학교를 서울로 다닌다고 하면, 자신처럼 장거리 통학을 시킬 건가요?

안 시키고 싶어요. 저니까 하는 거지, 아이에게 시키고 싶지는 않아요.

구직 중인 청년들에게 해주고 싶은 이야기가 있나요?

이런 게 있어요. 제가 지금 교육 프로그램을 만들어서 운영하고 있는데 학생들이 사소한 교육에도 감동을 많이 받아요. 1박 2일 간단한 소개 교육만 하고 수료증을 주는데도 반응이 굉장히 뜨거워요. 특히 비전공자를 대상으로 회사 업무와 관련된 내용을 교육해요. 최근의 트렌드는 융합이잖아요. 자기 전공 외의 일에서도 전공 분야의 쓰임을 찾을 수 있도록 만들어주는 것이죠. 단순히 전공과 관련된 산업만 보고 취업하는 게 아니라 더 넓은 시각을 갖고 자신이 녹아 들어갈 수 있는 높은 단계의 산업을 본다면 더 다양한 일자리를 생각할 수 있어요. 학생들이 이런 시각을 가졌으면 해요. 저희 같은 경우도 전공자를 뽑기도 하지만 사실상 70~80퍼센트는 비전공자예요. 그런데 그 학생들이 이 업계로 올 수 있다는 걸 잘 몰라요. 이제 취업을 할 때 더 넓은 시야로 볼 수 있으면 좋겠어요. 이공계나 인문계도 자기 전공을 살릴 수 있는 연계 분야를 찾을 수 있어요. 최근에는 학문들이 다 융합되고 있으니까요. 단순히 선배들을 따라가는 취업이 아니라 자기 커리어에 맞춰서 나갈 수 있는 부분을 찾는 게 필요해요.

그런데 청년 개인이 스스로 이런 걸 찾아가기는 힘들죠?

그러니까 정부에서 정보를 제공해줘야 하는 것이죠. 학생들이 길을 찾아갈 수 있는 인프라는 국가에서 제공하고 학생들은 그걸 이용해서 자기 꿈을 살려나갈 수 있어야 해요. 저희도 교육을 위해 홍보를 열심히 하는데도 굉장히 제한적이에요. 지방 청년들은 접근성이 떨어지니까요. 저희 프로그램에 참여하는 학생들도 거의 다 서울에 있는 친구들이에요. 아주 소수의 지방 학생들이 지원을 하죠. 그 학생들에게 학교에 가서 후배들에게 많이 알려달라고 하지만 효과가 크지는 않아요. 그런 부분을 국가가 나서서 적극적으로 해주면 좋겠어요

K는 새 집의 거실 창을 통해 고라니를 직접 보고, 뻐꾸기 소리를 직접 들었다. 가로등이나 상가 간판으로 인한 빛 공해도 없고, 시끄러운 자동차 소음도 없는 아산의 새 집에서 K는 몇 년 만에 처음으로 숙면을 취할 수 있었다. 약간의 불편함과 지루함은 있었지만, 여유로움에 익숙해지자 몸과 마음이 편해졌다. 깨끗한 환경에서 스트레스가 적은 생활을 하고부터 그동안 K를 괴롭히던 비염과 알레르기도 사라졌다. 집에서 가까운 호수와 휴양림을 돌아보는 것으로 주말 일정이 건강하게 채워졌다. 매일 휴가를 온 것 같은 착각이 들 정도였다.

서울살이 꼬박 10년

지방에서 태어난 K는 중학생 때 서울로 전학온 뒤 대학까지 서울에서 나왔다. 부모님은 지방에서 살던 집을 팔고 K가 전학할 학교 근처에 큰방 1개에 작은 주방 겸 거실이 딸린 집을 구했다. 반지하 바로 윗층에 있던 그 집은 전기세와 수도세를 옆집과 같이 내야 했던 탓에 부모님은 사는 내내 불만이 많았다. 그러던 가운데 계약기간 2년이 끝나면서 전세금 인상 혹은 월세 전환 중 하나를 선택해야 하는 상황이 됐고, 그 상황을 감당하기 힘들었던 부모님은 다시 이사를 결정했다. 이후 K의 가족은 1년 혹은 2년의 전세 계약기간이 끝날 때마다 점점 더 좁은 집으로, 점점 더 먼 집으로 이사를 다녔다.

몇 년 뒤 사정이 조금 나아진 K의 가족은 마침내 서울에 온 지 10년 만에 아파트를 사서 정착했다. 그때까지 K의 부모님이 안정적인 주거 환경이 곧 안정적인 서울 생활과 직결된다고 여기고 모든 노력을 아끼지 않았던 결과다. 지은 지 20년도 넘은 낡은 아파트였지만, 그것은 10년간 묵묵히 참아온 생존 경쟁에서 얻은 승리와도 같았다(도표30, 31 참조).

노오력과 금융위기

대학에서 상경계열을 전공한 K는 졸업 즈음 세계 금융위기의 여파로 침체된 청년 취업 시장을 마주하게 되었다. 그 무렵부터 대학생들이 스펙을 쌓기 위해 휴학을 하는 일이 대세가 되었다. K도 1년간 휴학하고 동기들과 같이 아르바이트를 하며 어학 점수, 자격증 취득 등 취업 준비에 공을 들였다. 졸업 후 곧바로 취업 전선에 뛰어들었지만 취업 시장 문은 더욱 좁아져 있었고, 안정적인 정규직 일자리 대신 비정규직 일자리만 넘쳐났다. 수십 차례 고배를 마신 끝에 K는 공공기관의 6개월 계약직 인턴으로 채용되었다. K는 이렇게라도 경력을 추가하는 것이 안정된 일자리에 조금이나마 가까워지는 것이라고 생각했다. 청년들 사이에는 한 번 비정규직은 영원히 비정규직이라는 말이 돌았지만, K는 더 이상 취업 준비생으로 버틸 수 없었다. 부모님이 10년 만에 얻은 아파트가 재개발되면서 새 아파트를 분양받기 위해 받은 대출금 때문이었다. K는 대출금 부담에 짓눌려 있는 부모님에게 손을 벌릴 수 없었다.

임금근로자가 서울 시내에 새로 지은 30평대 아파트에 입주하기란 하늘의 별 따기이다. 기존 주택이 재개발되더라도 분양을 받은 아파트에 입주하기 위해서는 엄청난 비용을 추가로 부담해야 한다. K의 가족도 그런 가구 중 하나였다. '새 집' 마련이라는 꿈과 함께 찾아온 거대한 빚은 K의 가족 구성원 모두에게 영향을 미쳤고, K가 고용 형태에 상관없이 취업을 할 수밖에 없도록 만들었다.

곧 6개월이 지나갔고 K에게는 계약 연장이나 정규직 전환의

30. 월별 아파트 매매 및 전세 가격 동향(전월비, 단위: %)

		15년 11월	12월	16년 1월	2월	3월	4월	5월	6월
전국	매매	0.49	0.20	0.08	0.08	0.01	0.03	0.07	0.09
	전세	0.58	0.31	0.21	0.21	0.17	0.13	0.13	0.10
서울	매매	0.68	0.32	0.11	0.15	0.07	0.12	0.28	0.40
	전세	0.85	0.49	0.36	0.33	0.28	0.23	0.25	0.27
5개 광역시	매매	0.60	0.23	0.09	0.06	-0.02	-0.01	-0.04	-0.01
	전세	0.47	0.22	0.15	0.15	0.08	0.06	0.02	0.01

국민은행, 주택가격동향, 2016년 6월
5개 광역시는 부산, 대구, 광주, 대전, 울산

31. 주요 지역 평균 매매 및 전세 가격(단위: 만 원)

		전국	서울	인천	경기	수도권	광역시	기타
매매	종합	29,739	50,198	21,521	30,790	37,322	23,465	18,229
	아파트	30,739	56,292	25,088	31,313	38,936	25,089	18,615
전세	종합	20,228	32,999	15,077	22,164	25,549	15,857	12,115
	아파트	22,963	40,945	18,788	24,388	29,254	18,506	13,782

국민은행, 주택가격동향, 2016년 6월

기회가 찾아오지 않았다. 더불어 K의 부모님이 지병으로 더 이상 일을 할 수 없게 되면서 K를 둘러싼 상황은 악화일로로 치달았다. 가구 내 소득이 있는 가구원이 1명으로 줄어든 상황에서 대출금 이자까지 내고 나면 생활비도 충당하지 못할 게 분명했다. K의 가족은 회의 끝에 10년 넘게 전쟁 같은 생활을 치르며 지켜온 서울의 집을 팔고 지방으로 이사하기로 결정했다.

작전상 후퇴

K의 가족은 남은 부채를 청산하고 다음을 기약하기로 했다. 대학을 졸업하고 6개월 인턴도 끝난 K도 더 이상 서울에 남아 있어야 할 이유가 없었다. 사정이 바뀌면 다시 서울로 돌아올 것이라고 믿기도 했지만, 무엇보다 취업을 준비하면서 겪었던 스트레스에 지쳐 있었기 때문이다. K는 '작전상 후퇴'라고 생각하며 짐을 정리했다. 그리고 가족들과 함께 이사갈 집을 알아보기 시작했다.

K의 가족이 고려한 것은 크게 다섯 가지였다. 첫 번째, 대출금의 완전한 청산. 두 번째, 2시간 이내에 서울에 도착할 수 있는 거리. 세 번째, 최소한의 생활 인프라가 형성된 도시. 네 번째, 자연친화적인 분위기. 다섯 번째, 전세. 하지만 이 다섯 가지 조건을 모두 만족시키는 곳은 없었다. 수도권의 도시들은 앞의 네 가지 조건을 만족시켰지만, 결정적으로 전세금을 맞출 수 없었다. 반대로 전세금이 맞는 집은 아파트가 아니거나 대중교통을 이용하

기 힘든 외진 동네에 있었다.

그러던 중 지인을 통해서 KTX가 정차하는 천안아산역에서 20분, 1호선 종점인 신창역에서 5분 거리에 있는 아파트를 소개 받았다. 적절한 시기에 예산에 맞는 전세금으로 입주할 수 있는 집이라는 이야기를 듣고 K의 가족은 반신반의하며 방문했다. 그런데 생각보다 넓은 평수와 거실 창을 통해 들어오는 산의 경관이 온 가족의 마음을 사로잡았다.

그리고 무엇보다도 근처에 대학교와 고등학교가 있어서 대중교통이 편리했고 작은 마트와 동네 병원 등의 편의시설도 갖춰져 있었다. KTX와 지하철 외에도 일반 기차와 버스 등 다양한 수단으로 서울까지 2시간 내에 도달할 수 있었다. 마침내 K의 가족은 다섯 가지 조건을 모두 만족시키는 집을 발견한 것이다.

이사날이 다가올수록 10년 동안 아등바등하며 지냈던 서울 생활이 시원섭섭했다. 누군가는 가까운 미래에 지하철 1호선이 경상도, 전라도까지 연결되면 거기까지 이사가야 하는 것 아니냐는 씁쓸한 농담도 했지만 K의 가족은 언제든 다시 서울로 올라올 것이라는 기대를 놓지 않았다. 여차하면 다시 서울로 올 수 있도록 전세로 집을 얻었고, 서울과 최대한 비슷한 지방을 찾은 반쪽짜리 지방행이었다. 도시 생활에 신물을 느끼고 지방으로 귀향·귀촌하는 경우와 달리, K의 가족에게는 '작전상 후퇴'라는 말이 더욱 잘 어울렸다. 그해 겨울 유례 없이 폭설이 쏟아지던 날, 서울을 떠나기로 결심한 지 반년 만에 K의 가족은 충남 아산으로 모두

옮겨 왔다.

곧바로 아산에서의 생활은 '작전상 후퇴'에서 '홀가분한 후퇴'로 격상됐다. 더 이상 주택담보 대출금을 갚지 않아도 되니 생활비에 여유가 생기고 생활의 질이 향상되었기 때문이다. 덕분에 K도 여유를 갖고 취업과 진로에 대해 다시 계획을 세울 수 있었다. K의 입에서는 '파이팅'이라는 말이 나왔다.

새로운 목표

K는 새 집의 거실 창을 통해 고라니를 직접 보고, 뻐꾸기 소리를 직접 들었다. 가로등이나 상가 간판으로 인한 빛 공해도 거의 없고, 시끄러운 자동차 소음도 없는 아산의 새 집에서 K는 몇 년 만에 처음으로 숙면을 취할 수 있었다. 약간의 불편함과 지루함은 있었지만, 여유로움에 익숙해지자 몸과 마음이 편해졌다. 깨끗한 환경에서 스트레스가 적은 생활을 하고부터 그동안 K를 괴롭히던 비염과 알레르기도 사라졌다. 집에서 가까운 호수와 휴양림을 돌아보는 것으로 주말 일정이 건강하게 채워졌다. 매일 휴가를 온 것 같은 착각이 들 정도였다.

10년간 서울에 살면서 K의 가족은 다양한 기회를 접하고 최신의 정보와 문화생활을 향유하는 것이 삶의 질을 높이는 데 가장 중요한 요소라고 생각했다. 그런 생활이 가능한 곳은 단연코 서울이라 생각하며, 이것을 쟁취하기 위해 벌어지는 과도한 경쟁을 스스로 합리화했다. 그럼에도 불구하고 온갖 스펙으로 무장한 청년 K는 구직 시장에 첫발을 내딛자마자 맥없이 쓰러졌다.

K와 동시대를 사는 청년 세대는 모두 정도의 차이는 있지만 비슷한 문제로 어려움을 겪고 있다. 앞 세대와 비교했을 때 상향 평준화된 경제력은 청년 세대의 전반적인 학력을 상승시켰고, 그렇게 높아진 학력을 갖춘 청년 세대는 당연히 더 좋은 일자리를 열망했다. 이런 상승의 악순환 속에서 과도한 경쟁 체제에 내던져진 청년들의 심신은 지칠 대로 지쳐갔다.

그랬던 K에게 지방으로의 회귀는 삶의 방향을 바꿔놓은 결정적인 사건이었다. 이제 K는 행복한 삶을 살고 싶고 경쟁의 방향을 스스로 결정하고 싶었다. 그리고 지방에서 취업하고 자리잡는 것을 목표로 구직 활동을 시작했다.

취업은 남의 떡

아산시는 전국에서 취업률이 가장 높기로 소문난 지역이다. 인구 30만 명 규모의 아산시에 대규모 제조업 사업장 및 관련 사업장이 2,000개 이상 모여 있기 때문이다. K는 인구는 적고 기업은 많은 아산에서는 구직 경쟁도 덜할 것이라고 생각했다. 하지만 현실은 달랐다. 제조업 비중이 월등히 높기 때문에 일자리는 기술직에 편중되어 있었고, 사무직을 찾기란 하늘의 별 따기였다. 그리고 인구가 많지 않았기 때문에 서비스업 일자리도 서울과 비교해서 적은 편이었다. K가 아산에서 고를 수 있는 선택지는 많지 않았다(도표32 참조).

아산에는 상경계열 대졸자인 K보다 마이스터고 같은 기술 숙련 특목고 졸업생들이 갈 수 있는 일자리가 더 많았다. K는 몇몇 기업의 정규직과 공공기관 채용에 지원해보았지만 탈락했고, 한

32. 전국, 서울시, 아산시의 고용 현황(단위: %)

산업	전국	서울	아산
농업, 임업 및 어업	7.52	0.04	8.13
광업	0.06	0.02	0.06
제조업	17.47	8.15	42.63
전기, 가스, 증기 및 수도사업	0.33	0.20	0.26
하수·폐기물 처리, 원료재생, 환경보건업	0.34	0.09	0.44
건설업	7.03	6.52	4.60
도매 및 소매업	13.97	18.43	6.11
운수업	5.10	4.66	3.79
숙박 및 음식점업	7.89	8.38	7.6
출판, 영상, 방송통신 및 정보 서비스업	2.82	7.21	1.46
금융 및 보험업	3.10	5.52	1.18
부동산업 및 임대업	2.10	2.79	1.36
전문, 과학 및 기술 서비스업	4.08	9.00	2.09
사업시설관리 및 사업지원 서비스업	4.26	5.55	5.41
공공행정, 국방 및 사회보장 행정	3.60	3.11	2.01
교육 서비스업	7.09	7.17	5.03
보건업 및 사회복지 서비스업	6.71	6.04	4.32
예술, 스포츠 및 여가관련 서비스업	1.61	1.89	0.64
협회 및 단체, 수리, 기타 개인 서비스업	4.60	4.99	2.72
기타	0.29	0.23	0.18
합계	100	100	100

통계청, 지역별 고용조사 2015년 상반기 원자료

대학교의 1년 계약 사무직에 합격했다. 정규직으로 전환되리라는 기대를 갖고 출근했지만 K를 맞이한 것은 10년 동안 계약직만 했다더라, 무기계약직 외에는 정규직을 뽑지 않는다더라 등의 우울한 말뿐이었다. 그렇게 K는 지방에서도 불안정한 일자리를 가질 수밖에 없었다.

K의 선택

K는 계약직 교직원을 그만두고 다시 구직 시장의 문을 두드린 끝에 서울 소재 기업에 정규직으로 고용되었다. 그리고 지금 1년째 KTX를 타고 아산에서 서울로 편도 100분의 거리를 출퇴근하고 있다. 가족과 직장 동료들은 K에게 장거리 출퇴근이 힘들지 않느냐고 물어보지만, 그럴 때마다 K는 웃으며 지방살이의 장점을 줄줄이 말하곤 한다. 장거리 통근을 시작하고 이 생활에 적응하기 전까지는 서울에 고시원이라도 알아볼까, 아산에서 다시 구직을 해볼까 고민한 적도 많았다. 하지만 두 가지 이유로 K는 광역 출퇴근을 지속하기로 했다.

먼저 출퇴근 비용과 서울 거주 비용의 비교이다. 천안아산역에서 서울역을 오가는 KTX의 월 정기권은 2017년 2월 현재 23만 5,600원이다. 역에서 집과 회사까지 이동하는 비용을 포함하면 매월 40만 원 정도의 출퇴근 비용이 든다. 반면 서울에서 거주할 경우 2평 남짓한 고시원이 월 30~50만 원, 5평 이상의 옥탑방 전세가 3,000~5,000만 원이고 회사 근처 8평짜리 원룸은 보증금 1,000만 원에 월세 40~60만 원을 내야 한다. 장기 임대주택도 있지만 제공되는 물량이 적고 가격이 주변 시세의 70퍼센트 수준으로 결정되기 때문에 한 번에 목돈이 들어간다. 비용 외에도 서울에 살면서 학교를 가거나 직장에 출근할 때 만원 버스와 지하철을 타고 1시간~1시간 30분 거리를 다녔던 사실을 떠올리면 KTX는 무척 쾌적한 교통수단이다.

두 번째는 지역 청년의 일자리 실태이다. 어디를 가든지 좋은 일자리는 절대적으로 부족하고 불안정한 일자리가 범람하는 노동 시장이지만, 지방의 노동 시장은 그 정도가 더욱 심각하다는 것을 K는 구직 과정을 통해서 체험했다. 특히 지방의 구직난은 이공계열 전공자보다 인문계열 전공자들에게 훨씬 심각했다. K가 거주하는 아산 지역은 고용지표가 건강한 것으로 평가되지만 실상은 양질의 다양한 일자리가 아니라 제조업 기술직에만 몰려 있었다. 결국 K도 안정적인 일자리를 찾아서 다시 반쪽짜리 서울 생활을 시작할 수밖에 없었다.

청년에겐 다양한 선택지가 필요하다

K의 이야기는 필자의 경험이 절반 정도 반영된 팩션이다. 필자가 지방에서 서울로, 다시 서울에서 지방으로 이동하면서 마주했던 삶의 여러 문제들은 현재 청년 세대의 취업 문제, 주택 문제,

생활 문제를 이야기할 때 고스란히 거론되고 있다. 새로운 문화 시설의 개장을 알리는 온라인 기사에 누리꾼이 '지방은 오늘도 웁니다'라는 덧글을 남기기도 하는데, 이는 교육, 취업 등의 '기회'에도 똑같이 적용된다. 청년은 '집' 자체보다 '기회'에 더 반응한다. 기회의 결과가 결국 집을 포함한 장기적인 생활 환경에 영향을 미친다는 사실을 알고 있기 때문이다.

이처럼 청년 세대를 둘러싸고 실타래처럼 얽힌 여러 문제들은 단순히 '눈높이를 낮춰서 일자리를 구해라. 그러면 모두 해결될 것이다'라는 말로는 해결되지 않는다. 청년들이 어떤 기회를 원하는지 질문하고 대답을 들으면서 정서적이고 사회적인 공감을 이끌어내야 하는 시점이다. 또한 청년 실업 문제 해결을 위해서는 수도권 위주의 정책에 변화가 필요하다. 지역 균형 발전을 통해 다양한 선택지를 만들어야 한다. 청년들이 서울이든 지방이든, 진학을 하든 취업을 하든, 틀 안에 갇혀 있기보다는 자유롭게 자신의 문제에 답을 내고 스스로 움직일 수 있도록 지원할 때 우리는 오랫동안 앓아온 청년 문제 해결의 실마리를 찾을 수 있을 것이다.

5

노동 시장 밖의 청년들

경계선 위의 청년

이 한 기
30세
대학원생

J학과 석사 수료생인 이한기 씨는 현재 논문학기를 보내며 교내 정치연구소의 비상근 연구원을 병행하고 있다. 하지만 30대에 막 들어선 한기 씨의 사회적 위치는 애매하다. 학생인 동시에 노동 활동을 하고 있지만, 통계적 의미의 노동자는 아니기 때문이다. 우리는 이한기 씨를 통해서 노동 시장의 경계선 위에 위태롭게 서 있는 고학력 청년들의 실태를 엿볼 수 있었다.

한기 씨는 인천에서 부모님과 함께 생활하며 서울 소재의 대학원에 통학하고 있다. 장거리의 통학에 드는 비용은 서울 자취 생활보다 저렴했고, 대학원 학비와 기타 생활비 등은 학과 조교 활동과 연구소 활동을 통해 충당할 수 있었다.

한기 씨는 주변의 대학원생들과 비교해서 양호한 환경에서 공부하는 학생으로 분류되었다. 동기들은 직장 생활을 병행하고자 야간 대학원을 진학했다가 결국 학업에 전념하는 것을 선택해야 했고, 학업을 잇기 위해서 학자금 대출 결과를 애타게 기다렸다. 대출에 성공하더라도 대출금 상환을 위해서 아르바이트를 해야 했고, 어떤 때는 병원에서 실시하는 신약 개발 실험에 지원하기도 했다.

인터뷰를 통해서 노동 시장의 사각지대에 놓인 청년들이 미래를 담보로 많은 역할을 필요 이상으로 해내야만 한다는 사실을 확인할 수 있었다. 조교 활동이나 교수님과 함께하는 프로젝트 같은 경우는 4대보험이나 일반적인 임금규칙 등에서 벗어나 있는 경우가 많다. 기회 또한 정기적이지 않기 때문에 전적으로 교수와 학생의 '관계'에 따라서 결정되는 일이 많았다. 뿐만 아니라 지도교수와의 관계가 학위에까지 영향을 미칠 것이라고 걱정하는 학생들은, 일반 연구원과 비슷한 6시간에서 8시간의 근무를 하면서도 월 50만 원 내외의 적은 보수를 받는 극단적인 열정페이도 감내하고 있었다. 한기 씨는 노동 강도에 비해서 보상은 거의 없는, 조교로 대표되는 대학원생 일자리에 대한 불만을 토로하며 청년 노동 환경 조사 및 노동 정책 수립에 반드시 이런 상황이 반영되어야 한다고 주장했다.

그는 청년 세대가 현재의 경험을 다음과 같이 기억하게 될 것 같다고 말했다.

> "정말 1년 동안 연락도 안 하고 취업 준비를 열심히 해서 대기업에 갔습니다.
> 그 순간 꼰대가 되는 거죠. 나는 노력을 했는데, 너희는 노력도 안 하고.
> 미화되어버리는 것이죠. 그런 경우라면 이 시기가 변질되어서 기억에 남지 않을까요?"

한기 씨를 비롯한 고학력 청년들은 대출금 상환 같은 현실적인 문제도 있지만, 길어진 학업 기간에 비례해서 자신과 부모님의 기대도 커지면서 고임금 일자리에 대한 욕구가 높아진 상태다. 또한 취업 여부, 나아가 들어간 기업이 대기업인지 중소기업인지에 따라 교우 관계가 분리되기도 한다. 부모 세대는 "대학만 나오면 기업에서 못 데려가서 안달인 상황"이었기 때문에 현재의 고학력자들이 겪는 취업난에 깊이 공감하기 어렵다. 이런 어려움 속에서 힘들게 대학원 과정을 마치고 취업에 성공하고 나면 뜻밖에도 힘들고 부조리한 기억을 '노력'의 일환으로 치환해버린다고 한다. 이것은 경계선에 오래 머물면서 겪은 불안을 다시는 겪고 싶지 않은 청년 세대의 자기방어라고 볼 수 있다.

간략하게 현재 자신을 소개해주세요.

저는 현재 K대학교 J학과 대학원에 다니고 있습니다. 석사과정을 수료하고 지금은 논문학기예요. 또한 H연구소에서 조교나 비상근 연구원 등의 아르바이트 형식으로 선생님들을 돕거나, 아니면 학술지 같은 것이 나오면 편집을 하는 일을 하고 있습니다.

나이는요?

서른 살입니다.

한 달 생활비는 얼마인가요?

한 달에 쓰는 비용은 약 100만 원정도입니다.

부모님과 함께 살고 있나요?

네. 그런데 집이 학교에서 멀기 때문에 교통비가 좀 많이 나옵니다.

교통비가 얼마인데요?

적게 나오면 10만 원, 많이 나오면 15만 원까지 나옵니다. 그다음은 식비입니다. 아무래도 학교에 머물면서 사 먹게 되니까요. 또 저희 같은 경우는 학생식당을 가는 게 아니라, 나가서 먹는 편이라 비용이 많이 듭니다. 대략 월 50만 원은 식비로 쓰는 것 같습니다. 거기에 취미활동비까지 다 합치면 100만 원입니다.

취미생활은 무엇인가요?

취미라고 하기는 좀 그런데, 책을 산다거나…. 제가 책을 좀 많이 사는 편이에요. 또 검도를 하는 데 드는 비용이 있고, 아니면 영화를 보는 등의 여가생활을 합니다.

구체적으로 여가 비용은 어느 정도일까요?

검도가 한 달에 12만 원이고요, 13~14만 원 정도는 책을 사거나 기타 여가생활을 보내는 데 사용합니다.

이게 25만 원 정도네요.

그리고 나머지는 저축을 조금 합니다. 제가 지금 쓰고 있는 돈은 100만 원인데, 버는 돈은 조금 더 많아요.

목돈이 필요한 경우는 없나요?

석사과정 때는 조교 일을 하는데, 그 대가로 학비가 면제되는 형식이었습니다. 그래서 그때는 거의 학비가 안 들었습니다. 그만큼 일은 많았지만요. 그런데 수료한 뒤로는 이제 매월 57만 원씩 내야 합니다.

현재 수입은 어디에서 얻고 있나요?

선생님께서 연구소장이기 때문에, 거기에서 일하면서 나눠 받는 게 150만 원입니다. 거기에 부모님께서 주시는 용돈을 더해 월 수입이 200만 원입니다.

저축은 얼마나 하고 있나요?

매월 50만 원 정도입니다.

학자금 대출을 포함해 대출은 없나요?

대출은 없습니다.

소득을 위한 활동으로 연구소 일을 선택한 이유는 무엇인가요? 업무는 어떤 것인가요?

제가 선택을 하고 말고 할 게 없어요. 선생님께서 이런 사업이 있으니까 같이 하자, 하시면 자연스럽게 일을 하게 되는 거예요. 학술지 편집도 있고…. 아니면, 프로젝트도 있습니다. 논문이나 연구소 발표 자료에 필요한 통계 코딩을 만든다거나 하면 돈이 어느 정도 들어오죠.

혹시 대학원에 오기 전에 직장을 가졌던 경험이 있나요?

한 6개월 정도 일을 했습니다.

그 이야기를 뒤에 자세히 해주시면 좋겠습니다. 지금은 학생이라서 소득과 생활비가 고정되어 있는데, 만약 소득이 증가한다면 가장 먼저 어디에 쓰고 싶으세요?

일단 여가생활을 하는 데 더 썼으면 좋겠습니다. 제가 도구에 욕심이 있거나 그런 것은 아닌데요, 그래도 여행을 간다든지 책을 사보는 데 더 투자를 하고 싶습니다. 혹은 저축을 늘릴 수도 있겠네요. 지금 50만 원 하고 있으니까, 100만 원 정도로요.

그런데 현재 학교에서 조교나 연구원 생활을 하면서 4대보험 등은 적용되고 있나요?

제가 직함만 연구원이지 조교나 마찬가지이기 때문에…. 적용받지 못합니다.

며칠씩 날을 새며 일했는데 소득은 30만 원, 20만 원에 불과한 경우가 많습니다. 그래서 대학원생들은 내가 지금 노동자인지 학생인지에 대한 고민을 많이 하게 됩니다.

그런 상황에 대한 불안은 없나요?

있죠. 사실 불안이라기보다는 불만에 가깝습니다. 그래도 저는 지도교수님을 잘 만나서, 선생님께서 과중한 업무를 주는 편은 아닙니다. 다른 친구들을 보면 정말 며칠씩 날을 새며 일했는데 소득은 30만 원, 20만 원에 불과한 경우가 많습니다. 거기에다 4대보험 같은 것은 전혀 안 되어 있으니까, 돈은 돈대로 나가죠. 그래서 대학원생들은 내가 지금 노동자인지 학생인지에 대한 고민을 많이 하게 됩니다. 제 경우도 장학금을 100퍼센트 받던 때는 정말 일이 많았습니다. 어떤 경우에는 제 수업을 듣다가 나가서 조교 업무를 해야 하는 경우가 있었죠. 그러니까 공부를 할 수도 없고 발표도 이상하게 되고…. 결국에는 아무것도 할 수 없는 상황이 되고…. 그러면서 이런 생각도 하게 되었습니다. 만약에 학교에서 너 대학원생 할래, 직원으로 들어올래 물어보면 차라리 직원을 하겠다고요. 그게 더 마음 편할 것 같았습니다.

지금은 학생이잖아요. 혹시 나중에 취업을 하고 소득을 얻게 된다면, 중년이 되었을 때 기대하는 소득 수준은 어느 정도인가요?

이게 대답하기 어려운 질문인데요, 임금 체계도 있고, 과연 미래를 낙관할 수 있을까요? 이 나라에서 내가 연구를 계속한다거나, 아니면 취업을 한다 하더라도 높은 소득을 얻을 수 있을까? 이런 자괴감이 들기도 했습니다. 그래도 만약에 50대가 되었을 때까지 한 곳에서 일을 꾸준히 할 수 있다고 가정한다면 300만 원에서 400만 원 정도일 것 같습니다.

혹시 대출을 받아서 부모님 집에서 독립할 생각은 없나요?

일단 대출을 받을 생각이 전혀 없습니다. 그리고 독립은…. 생각은 꾸준히 해봤지만 저희 부모님께서 싫어하시기 때문에 쉽지 않을 것 같습니다.

부모님께서 독립을 허락하시더라도 대출을 받을 생각은 없다는 것이죠?

그럴 생각은 없습니다. 일단 저는 빚 자체를 꺼려합니다. 어느 정도냐면 신용카드가 한 장 있는데, 600만 원이던 한도를 40만 원으로 줄였어요. 카드도 빚을 지고 사는 기분이 들어서요. 현실의 문제를 떠나서 빚을 싫어하는 제 성향 때문에 나온 결론입니다.

빚의 어떤 부분이 가장 부담스러운가요?

그 자체로 압박입니다. 돈 때문에 은행의 독촉을 받고 싶지 않습니다.

살면서 그런 경험을 겪은 일이 있나요?

저희 집은 아니고요, 친척이나 주변 사람들을 보면서 그러면 안 되겠다는 생각을 하게 되었습니다. 그래서 다른 것보다도 저축을 늘리려고 하는 것입니다.

주변에 대출을 받아 생활하는 친구는 없나요?

있죠, 굉장히 많죠. 학자금 대출은 대부분이고요. 제 경우에는 부모님께서 지원해주신 덕분에 학비에 대한 걱정 없이 학교를 다녔는데, 친구들을 보면 컴퓨터를 보면서 이번에는 대출이 되나 안 되나 걱정하곤 하죠. 저는 그 모습을 바라보는 것만으로도 애달픈데, 당사자는 어떻겠어요. 그걸 갚기 위해 아르바이트도 하고, 병원에서 신약 개발 실험도 하죠. 그게 돈을 많이 주니까요.

그런 경우가 많아요?

굉장히 많아요. 그렇게까지 하면서 돈을 벌어야 하니까요. 저는 여기에 지방과 수도권의 차이가 있다고 봅니다. 저희 집은 인천인데, 그래도 수도권은 가까우니까 집에서 통학할 수 있잖아요. 덕분에 집을 얻거나 하는 비용을 줄일 수 있죠. 저는 교통비를 많이 쓰면 15만 원인데, 친구들 월세 비용과 비교하면 약과입니다. 대구, 광주에서 올라온 친구들에게는 주거가 엄청난 스트레스이죠.

학부 때는 아르바이트를 하지 않았나요?

여러 가지 해봤습니다.

학비 걱정이 없는데 아르바이트를 한 이유는 무엇인가요?

일단 돈을 좀 모으고 싶었어요. 혹시라도 대출이 필요해진다든지 큰돈이 필요해질 때를 대비하고 싶었던 것이죠. 월 10만 원이라도 적금을 들고 1~2년씩 모았습니다. 위급한 일이 생겼을 때를 대비

할 수도 있는 것이고요. 제 주변에서는 돈이 없는데도 불구하고 저축을 많이 해요. 저축액은 적겠지만 저축을 하는 사람 자체는 많습니다.

그럴 여력이 있나요? 저축도 소득이 있어야 할 수 있는데요.
소득이 있어야죠. 그래서 잠을 줄이고 아르바이트를 하는 친구가 여럿 있습니다. 50만 원씩, 100만 원씩 저축하는 것이 아니고 단돈 5만 원이라도 저축을 해서 늘려가는 경우가 많습니다.

지금 하루 평균 노동 시간은 어느 정도인가요?
저는 그래도 짧은 편입니다. 6~8시간 정도입니다.

그럼 공부하는 시간은요?
공부는 나머지 시간에 하죠.(웃음) 지금은 일이 과중하지 않기 때문에 조금 달라졌지만, 굳이 환산하면 공부와 노동에 사용하는 시간이 비슷하다고 봐야 할 것 같습니다.

그 시간 동안 일을 하고 받는 임금이 아까 말한 150만 원 정도인거죠?
네, 저는 대학원생치고는 상당히 많이 받는 편입니다.

다른 사람들은 어떤가요?
그 얘기를 시작하면 되게 암울해지죠. 저는 집이 좀 먼 편이라 시간이 되면 딱 퇴근합니다. 하지만 어떤 친구들은, 선생님께서 엄청나게 많은 일을 계속 주세요. 그러면서 한 달에 20만 원만 받는데….
그럼에도 어쩔 수 없는 것이죠.

교수님과의 관계 때문인가요?
그렇습니다. 어쩔 수 없어요.

처음에 일을 시작할 때 근로시간을 정하나요?
그런 건 없었습니다. 필수적으로 근무해야 하는 시간만 정했습니다. 사무실이 비면 안 되니까요. 제 경우는 월요일, 화요일. 그 외에는 정하지 않았습니다. 하지만 조교들은 많은 경우 근무시간 외에도 나와서 일을 하고 있습니다.

연구원이라면, 그 활동의 대가로 임금이 발생한다면 언제 어떤 일을 하고 얼마를 받는다는 내용이 정해져 있어야 하는데, 그런 것들이 혹시 구두로 정해지나요?
그런 계약은 없습니다. 단지 선생님께서 '얼마 줄게'…. 이렇게 내려와요. 그런 것 때문이라도 대학원생들에게 최소한 4대보험이라도 적용되어야 한다고 생각합니다.

혹시 학교에서 보수가 높은 연구원 자리를 두고 경쟁이 치열하지는 않나요? 아니면 그런 자리가 모든 사람에게 공평하게 돌아가고 있나요?
저희 학교는 공평한 편이에요. 왜냐하면 저희는 교수님 조교는 1년 이상 못 하게 되어 있거든요.

전액 장학금 조교는 1년 이상 못 한다는 것이죠?

네, 그렇게 되어 있습니다. 그다음에 일반 장학금은 성적으로 받는 게 아니라, 모두에게 돌아가게 되어 있어서 경쟁이 덜한 편입니다. 그런데 다른 학교 이야기를 들어보면 경쟁이 치열하고 자리 다툼이 생기는 경우도 많다고 들었습니다.

연구원 자리 충원 정보는 어떤 방식으로 안내되나요?

이 문제도 애매한데요, 제 경우는 선생님께서 '너 논문이 안 되니까 그냥 들어가서 저기 자리 하나 줄 테니 앉아 있어. 그런데 너는 수료생이니까 조교는 안 되고 대신 이름만 줄게', 이렇게 된 거예요. 배려해주신 거죠.

이것도 공식적인 절차보다는 교수님과의 관계로 배정이 된 것이네요.

그렇죠, 관계가 더 중요했습니다.

지금·가족·진로 등의 미래 계획이 궁금해요.

미래는 저뿐 아니라 모든 사람이 암울하죠. 암울한데 그중에서도 어느 정도 기대가 있다면, 저는 전공에 맞는 일을 하면서 거기에서 돈을 조금 모으고 유학을 했으면 좋겠고…. 좋은 연구를 하고 싶다는 기대, 계획이 있습니다. 그리고 가족들이 다 건강했으면 좋겠어요.

결혼 계획은 없나요?

지금 당장은 제가 경제적으로 불안정해요. 그러다 보니까 가족을 꾸린다는 일 자체가 욕심이라는 생각이 들어요.

한국에서는 좋은 연구를 할 수가 없을 것이라는 걱정이 큽니다.
제가 지금 박사를 한다고 해서 이 나라에서 할 수 있는 일이
있는 것인지…. 더 좋은 연구를 할 수 있는 연구원이 될 수 있을지….

경제적인 문제가 해결되면 결혼도 하고 아이도 가질 수 있는 건가요?

그건 여러 단계가 있다고 생각해요. 그런데 가장 힘든 것은 경제적인 바탕이 되지 않으면 다음 단계로 나아갈 수 없다는 것이죠.
경제적인 부분은 방금 말씀드린 그대로이고요. 진로에 관해서는 한국에서는 좋은 연구를 할 수가 없을 것이라는 걱정이 큽니다. 제가 지금 박사를 한다고 해서 이 나라에서 할 수 있는 일이 있는 것인지…. 더 좋은 연구를 할 수 있는 연구원이 될 수 있을지…. 그런 기회가 제 전공 분야에는 없습니다. 한국에서 박사를 받는다고 하더라도…. 한국에서는 미국 박사들만 대우하잖아요. 유럽 박사들도 제대로 대우 받지 못하고, 중국·일본 박사들은 더하죠. 오로지 미국 박사들만 대우를 받는데, 요즘에는 미국 박사들도 층위가 나뉘어서 아이비리그를 나와야 뭐라도 할 수 있죠.

유학을 가게 된다면, 마친 뒤 한국에 돌아올 계획인가요?

만약에 나간다면, 돌아오지 않을 계획입니다.

이제 노동 시장 밖에 있는 청년에 관한 질문입니다. 첫째는 노동 시장 진입 여부와 관련된 질문인데요, 앞에서 노동 시장에 진입하지 않은 상황에 대해 말씀해주셨어요. 그렇게 된 이유는 무엇인가요? 자발적이었나요?

제 경우에는 특별히 구분할 이유가 없습니다. 그냥 학생이기 때문

에 못 들어간 것이죠. 지금 학교에서 해야 할 일이 있기 때문에 못 들어간 것이죠.

대학원생도 일과 학업을 병행하는 경우가 종종 있는데, 그런 방향을 선택하지 않은 이유는 무엇인가요?

저는 전일제 대학원생이기 때문에 일과 학업을 병행하는 것 자체가 불가능합니다. 만약 직장을 다닌다면 근무 시간에 나와서 수업을 들어야 하는데, 불가능합니다.

혹시 주변에 직장생활을 하면서 대학원에 다니는 사람은 없었나요?

제가 다니는 학교에도 공공정책대학원에 야간 대학원이 하나 있는데, 거기에는 국회의원 보좌관이나 국정원 직원, 혹은 전직 국회의원 등이 다니고 있습니다. 특수대학원 쪽에 그런 경우가 있습니다. 제 친구 하나도 전일제 대학원을 다니면서 직장을 동시에 다녔죠.

직장에서 그 사람을 배려해준 경우인가요?

배려는 해줬는데, 한 학기 만에 결국 직장은 그만뒀어요. 그렇게 하기 힘든 거죠.

대학원 졸업 이후의 일자리를 고려하는 데 있어서 우선순위는 무엇인가요?

일단 전공과 연관된 일이면 좋겠습니다. 두 번째는 정규직, 안정된 정규직. 그다음 세 번째는 거리가 가까웠으면 좋겠습니다. 제가 인천에서도 좀 외곽 지역에 살아서 집에서 학교를 오가는 데만 네다섯 시간이 들어요. 이런 상황이 삶의 질도 떨어뜨리죠.

그럼에도 불구하고 독립을 하지 않은 이유는 무엇인가요?

개인적인 부분인데요, 저희 부모님께서 음식점을 하세요. 가게에 오전 8시에 나가서 밤 10시에 들어오시죠. 그러다 보니 집에서 청소를 하거나 집안일을 할 사람이 없습니다. 사실 제가 지금 부모님께 50만 원을 받는 이유도 집안일을 하기 때문입니다. 요리 빼고는 제가 혼자 다하죠. 더해서 음식점 건물이 있는데, 아버지 어머니께서 10년 동안 열심히 일을 해서 사셨어요. 그런데 돈을 좀 아끼시겠다고 건물 계단과 복도 청소를 제게 시키셨어요.(웃음) 그런 것까지 하고 있기 때문에 독립하기 힘든 상황입니다. 남들은 학교에서 밤도 새고 하는데 저는 밤을 새본 경험이 없습니다.

미래의 독립 시기는 언제로 계획하나요?

일단 일을 구하면 독립할 계획입니다. 일을 잡아야 부모님께 이제 나가겠습니다 할 수 있을 것 같습니다.

IMF 이후로 결국 일자리 자체를 경제가 어렵다는 핑계로 줄여버렸죠. 또 비정규직으로 돌렸고요. 이렇게 되니까 당연히 일자리의 질에서 차이가 날 수밖에 없게 된 것 같습니다.

부모님 세대와 청년 세대가 일자리를 구할 때 어떤 차이가 있는지, 그리고 일을 구했다는 것의 의미가 어떻게 달라졌다고 생각하나요?

상당한 차이가 있죠. 둘 다요. 진입장벽은, 제가 1970~80년대를 살지는 않았지만 선생님들 이야기를 들어보면 그때는 대학만 나오면 기업에서 못 데려가서 안달인 상황이었죠. 또 그때는 파이가, 경제가 점점 성장하는 상황이었잖아요. 노동 시장은 넓어지고, 일자리도 많아지는 상황에서 투자도 증가하고 있었죠. 하지만 저희 세대부터는 IMF 이후로 결국 일자리 자체를 경제가 어렵다는 핑계로 줄여버렸죠. 또 비정규직으로 돌렸고요. 이렇게 되니까 당연히 일자리의 질에서 차이가 날 수밖에 없게 된 것 같습니다.

학교 안에서 근무하는 사람들 또한 비정규직이 아닐까요?
비정규직이 맞죠. 그런데 너는 학생이지 노동자는 아니라고 얘기하는 것이죠.

과거와 현재를 놓고 보면, 일자리의 의미는 어떻게 달라졌을까요?
예전이 엘리베이터처럼 쭉 올라가는 체제였다면, 올라가서 대학 나오면 당연히 취업도 되고 임금도 높아지는 게 가능했어요. 그런데 지금은 그게 아니죠. 첫째는 정규직과 비정규직으로 나누어졌고, 정규직도 중소기업과 대기업이 나누어졌어요. 그런 차이는 앞으로도 계속될 것으로 예상하고 있습니다.

'청년의 취업'을 평가할 때 더 많은 잣대가 생긴 것 같아요.
예를 들어볼까요? 한 친구가 취직했어요. 그러면 "와 잘됐다"라고 나와야 하는데, 지금은 그게 아니라 "정규직이야 비정규직이야?"라고 먼저 물어봐요. 정규직이라고 답하면 그땐 "잘됐다"라고 나오는데, 비정규직이라고 하면 한숨만 나오죠.

청년 세대가 노동 시장에 진입하기 위해서는 어떤 정책들이 필요하다고 생각하나요?

가장 어려운 문제예요. 어제인가 그제인가 경향신문 보도를 보니까 현재의 청년 일자리 정책은 전부 다 교육 쪽으로 몰려 있었어요. 하지만 그 교육을 받는다고 취업된다는 보장은 없어요. 두 번째는 일자리인데, 저번에 예비군 훈련 받으러 동사무소에 가보니 거기에도 일자리 소개가 붙어 있었어요. 그런데 좋은 일자리는 없었습니다. 임금이 턱없이 낮은 일자리만 계속 보여주고, 조금 좋아 보이는 자리는 모조리 경력직을 요구했습니다. 국가에서 펼치는 정책조차도 빈틈이 너무 많아요. 청년들이 눈이 높아서 그렇다고 책망하는 한편으로, 국가는 계속 저임금·저질의 일자리만 보여주는 것 같습니다.

친구들이 대기업에 들어갔을 때 초봉은 얼마이던가요?

월 300~400만 원 정도였습니다. 그렇다 보니까 대기업 다니는 친구들의 생활 수준이 비정규직 다니는 친구들의 생활 수준과 몇 개의 층으로 나뉘는 것 같았습니다. 씀씀이 자체가 달라지는 것이죠. 결국 어디에 취직했는지가 친구 관계에도 영향을 주는 것 같습니다.

현재 대학원생, 연구원 신분인데요, 여기에 필요한 지원은 어떤 것이 있을까요?

대학원생으로 본다면, 우리도 일을 하는 노동자로 대우해달라는 것입니다. 4대보험 처리를 해주든지, 아니면 그에 맞는 임금을 주든지요.

청년 고용 정책이 왜 청년들의 현실과 맞지 않는 것일까요?

나라에서는 청년들의 눈이 높아졌다고 얘기하는데, 사실 눈이 높아진 것은 부모 세대입니다. 제 부모님도 그러셨어요. 제가 대학원을 그만두고 공사장에 가서 일을 하겠다고 하니, 아무 말도 못하셨죠. 저는 이게 제 부모님뿐만 아닐 거라고 생각합니다. '대기업-정규직'이라는 고정관념을 가진 사람이 많아요.

**청년은 현재의 궁핍함을 넘는 게 중요하지,
그리고 당장 회사에 들어가는 게 중요하지
자리가 좋은지 나쁜지가 중요한 건 아니라고 보는 것 같습니다.**

남이 봤을 때 괜찮은 직업에 대한 욕구가 부모 세대를 통해 청년 세대에게 투영되었다는 건가요?

예. 청년들은 현재 어려움을 알기에 오히려 큰 욕심이 없는 것 같아요. 급한 거죠. 어떻게든 정규직으로 갔으면 좋겠고, 비정규직이라도 일했으면 좋겠고. 이런 것이지 윗세대처럼 외고를 나왔으니 당연히 어디를 가야 하는 것 아니냐, 이런 고정관념은 없는 것 같습니다. 이 부분이 차이라고 생각해요. 청년은 현재의 궁핍함을 넘는 게 중요하지, 그리고 당장 회사에 들어가는 게 중요하지 자리가 좋은지 나쁜지가 중요한 건 아니라고 보는 것 같습니다.

이제 노동 시장 밖의 현실에 관한 질문을 드릴게요. 노동 시장 밖에 있었던 기간은 아까 말한 6개월을 제외하고 계속인가요?

네, 대학원 들어오면서 계속된 것이니까 2년 6개월 정도 되었네요.

그럼 앞으로 얼마나 더 밖에 머물 것 같나요?

그건 모르겠는데요.(웃음) 일단 석사 마치면 일을 구하고 싶습니다. 박사를 하려면 돈도 좀 모아야 하고, 그리고 일단은 부모님께서 불안해하세요.

어떤 사람은 기준을 정해놓고 반드시 그 기준에 맞춰 가야겠다는 경우가 있고, 어떤 사람은 기준을 낮추더라도 취업을 해야겠다는 경우가 있는데, 한기 씨는 어떤가요?

저는 전공과 연관만 있다면 상관없을 것 같습니다.

노동 시장 밖에서 가장 힘들었던 경험은 무엇이었나요?

계속 말씀드린 것과 같아요. 대학원생에게 국한된 이야기이지만, 조교들의 강도 높은 노동 환경과 열악한 대우예요.

그렇다면 가장 필요한 것은 대학원생 조교들을 노동자로 보는 시선인가요?

예. 사실 그렇습니다. 직장인들은 대학원생들 보면서 '좋겠다, 공부만 하고 책만 읽는데 뭐가 힘들겠어. 우리는 힘들게 일하는데'라고 생각하는데, 아니거든요. 오히려 그쪽은 돈이라도 받죠. 어쨌거나 상응하는 대가는 받지 않습니까. 하지만 여기는 기본적인 보수도 못 받는 상황입니다.

만약 보장을 제도화한다면 어떤 부분을 제도화해야 할까요?

4대보험이요. 그리고 두 번째는 노동 환경 조사 같은 것 하잖아요. 당연히 저희는 빠져 있는데, 포함시켰으면 좋겠습니다. 모든 대학원생을 조사할 수는 없겠지만 어느 정도 표본은 조사해서 현실을 반영했으면 좋겠습니다.

노동 시장 밖에 머물고 있는 상황에 대해서 가족들에게 '내가 그럼 학교 그만두고 공장갈까' 라고 말했을 때 반응이 좋지 않았잖아요. 공부를 한다고 했을 때에는 가족들의 반응은 어땠나요?

저는 제 일에 관한 결정은 스스로 내리는 성격입니다. 부모님께서도 제 결정을 믿어주셨어요. 공부를 계속하고 싶다고 이야기를 해와서 그런지 제가 대학원 가는 건 정해진 수순이라고 생각하셨습니다. 그런데 그 시간이 지속되고 지연되고 있으니까, '이제 끝나면 취업하는 거지'라거나 '결혼은 언제 할 거니' 같은 질문을 하기 시작하셨어요. 거기에 대해 제대로 이야기하고 싶은데, 이해를 못 하십니다. 자꾸 당신들의 시대 상황만 생각하고, 아무리 뉴스를 보고 아무리 종편을 보고 그래도 이해가 안 되는 것이죠. 그리고 저희 집이 공단 근처이다 보니까 대부분 노동자들이 식사를 하러 오는데, 그것만 보이는 것이죠. 공단에는 일자리가 그렇게 많다는데…. 지금 공단은 구인난에 시달려요. 사람을 못 구한다는데 너희는 왜 일자리가 없다고 그러느냐고 오히려 물어보세요. 그러면 '제가 공장 가면 되겠네요'라고 말씀드리면 대답도 못 하시고. 그래서 요즘은 제가 아예 피해버립니다.

**비정규직은 비정규직대로 그럴 것이고,
아예 경제 생활을 못 하는 사람들은 통로 자체가 막히는 것이죠.**

주변의 시선이 신경 쓰이지는 않나요?

주위 시선을 처음에는 안 느꼈습니다. 그런데 이제 시간이 가면서 부담이 생겼어요. 친구들과 한 번 만나기도 부담스러워졌습니다. 친구들은 저랑 대화의 주제 자체가 달라졌어요. 비정규직은 비정규직대로 그럴 것이고, 아예 경제 생활을 못 하는 사람들은 통로 자체가 막히는 것이죠.

지금 한기 씨 주변에 같이 공부하는 친구 중에 취업이 잘 안 되어서 어려워하는 친구들이 있잖아요. 그들은 주변에 대해 어떻게 이야기하나요? 덜 만난다, 상처 받았다, 소외감을 느낀다 등요.

다 말씀하셨는데요.(웃음) 비슷하게 돌아가는 것 같습니다. 긍정도 하루 이틀이죠.

주로 만나는 친구들은 대학원 동기들인가요?

대학원 동기들도 있고, 여러 친구들을 많이 만납니다. 제가 좀 많이 만나는 편이에요.

어떤 친구들을 자주 만나나요? 취업한 친구, 취업 준비 중인 친구, 학생인 친구 중에서요.

대학원생들이죠. 같은 과 친구뿐 아니라, 저랑 원래 친했던 친구들이 대학원에 많이 갔어요.

취업이 안 되어서 그랬던 건가요?

그건 아니었어요. 가고 싶어서 선택했는데, 지금 후회하는 친구도 있고 열심히 박사학위 밟고 있는 사람들도 있는데…. 석박사를 다 밟았는데 취업이 안 된 친구도 있어요.

석사 논문 마치고 전공과 관련 있는 일자리를 구한 다음에 바로 하고 싶은 일이 있나요? 단기·중기·장기 계획을 여쭈어보고 싶습니다.

적응이겠죠. 적응을 해야 다음에 뭐라도 할 수 있을 것 같아요. 그 다음으로는 이제 독립도 해야 할 것 같고요. 결혼 준비를 시작해야 할 것이고요. 나중에는 제가 하고 싶은 공부를 계속할 수 있으면 좋겠습니다.

지금 자의로 노동 시장 밖에 머물고 있는데, 이 시기가 어떻게 기억에 남을까요?

과연 남을까요? 제 경우에는 학업을 계속 해와서 취업 시도 자체를 거의 안 했으니까 별로 할 말이 없는데, 다른 사람들은 그런 경우가 보이거든요. 정말 1년 동안 연락도 안 하고 취업 준비를 열심히 해서 대기업에 갔습니다. 그 순간 꼰대가 되는 거죠. 나는 노력을 했는데, 너희는 노력도 안 하고…. 이렇게 미화되어버리는 것이죠. 그런 경우라면 이 시기가 변질되어서 기억에 남지 않을까요?

혹시 그렇게 취업 준비를 열심히 했는데 좋지 않은 일자리, 불안한 일자리로 거론했던 비정규직에 취업한 친구들은 어떻게 생각하고 있는 것 같나요?

난 열심히 준비했는데, 내가 갈 수 있는 자리가 그 정도밖에 안 되니까…. 일단 노동 강도가 너무 세다 보니까 그런 생각조차 안 하게 되는데…. 그런 것에 관해 자괴감을 느끼고 있어요.

다시 말하면 지금 나를 노동 시장 밖에서 안으로 진입하게 해준 일의 성격에 따라서 과거를 규정하는 내용이 달라진다는 것이죠.

예, 그렇습니다.

"불확실한 미래에 기대기보다 현재 자신의 일에 충실하라." 대한민국의 청년 고용 정책에서 이 말이 중요한 이유는 그동안 고용 문제로 인해 어려움을 겪었던 청년 세대는 경제 성장 국면이 오더라도 동일한 어려움을 겪을 가능성이 크기 때문이다. 그 과정에서 지금의 청년 세대는 계속해서 노동 시장 밖에 미무를 수밖에 없는 '낀 세대'가 될 위험이 크다.

끊어진 사슬

"졸업=취업"이라는 연결고리가 끊어졌다는 말을 많이 한다. 학교를 졸업한 뒤에도 일을 하지 않는 청년들을 주위에서 어렵지 않게 볼 수 있다. 이들의 부모 세대 중에는 노동 시장 밖에 머물러 있는 청년들을 이해할 수 있다는 이들도 많다. "학점도 높고, 어학연수도 갔다 왔고, 토익 점수도 높은데 서류도 통과 못 하더라고요." 딸을 서류 심사에서 떨어뜨린 대기업에는 화가 나지만, 결국 자신이 원하는 일자리를 찾기 바란다는 어머니는 그런 실패들이 딸에게 상처가 되지 않을까 걱정이다. 친구들의 자녀를 봐도 대학 졸업을 미루거나, 대학 졸업 후 학원에 다니면서 취업을 준비하는 경우가 다반사이다. 1997년 IMF 이후 대학 졸업장이 더 이상 좋은 일자리를 보장해주지 못하는 현실에서 경쟁에 내몰린 청년들이 가끔은 안쓰럽게 여겨질 때도 있다.

그러나 이런 세태가 이해되지 않는다고 말하는 사람도 많다. "학교 졸업했으면 빨리 일자리 찾고 결혼해야지, 언제까지 부모님 걱정시킬 거니"라고 명절날 오랜만에 만난 조카에게 충고하는 삼촌. "우리 아들은 내가 어디 일자리가 났다고 해도 거들떠도 안 봐. 고집만 세서, 대학 졸업한 지가 언제인데 아직도 학교에 나가더라고. 갠 뭐하고 사는지 모르겠어"라며 한숨 쉬는 아버지. 이들은 일자리를 구하지 않는 요즘 청년들의 모습이 이해되지 않는다.

문제는 이처럼 기성 세대는 이해할 수 없는 청년들이 점점 더 빠르게 증가하고 있다는 점이다. 통계청의 경제활동인구조사에 따르면 2000년 이후 20대 취업자의 수는 지속적으로 감소하고 있다. 특히 2000년대 중반 이후의 고용률 역시 하락하고 있는데, 이는 청년층 취업자 수의 감소가 인구 감소보다 더 빠르게 진행되고 있음을 의미한다. 노동 시장 밖에 머물러 있는 청년들의 비중이 더욱 늘어난 것이다. 이와 같은 경향이 지속되면서 청년의 고용 문제는 사회 문제로까지 부각되고 있으며, 노동 시장에 진입하지 못하고 있는 청년들을 위한 정책을 요구하는 목소리 역시 커지고 있다.

청년들은 왜 노동 시장 밖에 있나?

그렇다면 청년들은 왜 노동 시장 밖에 머물러 있을까? 지난 이명박 정부는 교육 수준은 향상되었지만 노동 시장 밖에 머물러 있는 청년들은 오히려 증가하고 있는 이유를 "높은 눈높이" 때문이라고 주장했다. 대통령까지 나서서 직접 언급한 "높은 눈높이"는 실제 청년들의 목소리를 집어삼켰고, 노동 시장 밖에 머물러 있는 청년들을 이해할 수 없던 많은 사람들을 설득시켰다. "그래, 요즘 애들이 편하고 좋을 일만 하려고 하니까 그래." 하지만 청년 세대의 평균적인 교육 수준 상승과 그에 따른 눈높이의 변화를 제대로 이해하기 위해서는 노동의 공급 규모를 설명하는 경제학 이론을 따져볼 필요가 있다.

노동의 공급은 개인의 합리적인 선택에 의해 결정된다. 간단하게 이야기하면 사람들은 자신이 받고 싶은 임금(reservation wage), 소위 눈높이 임금 또는 유보임금이 있는데 실제 노동 시장에서 받을 수 있는 임금이 이 수준보다 높을 경우 취업을 하고 낮을 경우 취업을 하지 않는다는 것이다. 예를 들어 A라는 청년이 노동 시장에 진입하는 시점에 받길 원하는 임금은 1만 원이지만 실제 주어지는 임금이 7,000원이라면 노동 시장에 진입하지 않는 선택을 한다는 것이다.

노동 시장 이론에서 노동의 공급에 대해 설명할 때 활용되는 '눈높이 임금'은 노동 시장 진입을 통해서 얻을 수 있는 소득 외 다른 소득의 크기에도 영향을 받는다. 본인이 얻을 수 있는 임금 외 소득이 많을수록 눈높이 임금은 높아지고, 임금 외 소득이 적을수록 눈높이 임금은 낮아진다.

눈높이 임금을 통해 노동의 공급을 설명하는 예는 쉽게 발견할 수 있다. 예를 들어 여성의 노동 시장 참여와 관련해, 기혼자의 경우 배우자의 소득이 높을수록 노동 시장에 참여하지 않을 것이라고 주장할 수 있다. 배우자의 소득이 높은 여성은 눈높이 임금이 높아서 상대적으로 적은 임금이 주어지는 노동 시장에 참여하지 않을 가능성이 크기 때문이다. 우리나라 노인들의 노동 시장 참여율이 높은 것에 대해서도 이야기할 수 있다. 연금제도나 복지제도가 잘 갖춰진 국가에 비해 우리나라의 노인들은 일을 하지 않으면 소득이 적기 때문에 눈높이 임금이 낮고, 따라서 노동 시장에 더 많이 진출한다고 설명할 수 있다.

대학을 졸업하고도 취업하지 않고 있는 청년 A에게 이 이론을 다시 적용하면, 월 300만 원을 받고자 하지만 노동 시장에서 실제로 받을 수 있는 임금은 월 200만 원이기 때문에 취업을 하지 않고 있다고 말할 수 있다. 그런데 정부는 이런 A에게 월 300만 원 받으려 하지 말고 눈높이를 낮춰서 월 200만 원을 받는 일자리에 취직하라는 해결책을 제시한 것이다. 실제로 눈높이 임금, 즉 유보임금을 사회적 임금보다 낮추도록 유도하면 노동 시장 밖의 청년들을 줄일 수 있다. 그래서 정부는 눈높이를 낮추라는 충고와 함께 청년인턴제 등을 통해 청년들에게 일할 기회를 제공하는 방법으로 청년 고용 문제를 완화시키려 했다.

하지만 결과적으로 이명박 정부의 청년 고용 정책은 실패한 것으로 평가받았다. 2012년 대통령 선거에 입후보한 모든 정치인이 기존 정부 정책을 비판했다. 대통령과 같은 당의 후보조차 말이다. 그 이유는 간단했다. 청년인턴제, 청년창업 지원 등 여러 정책들이 있었지만 청년 고용 문제는 점점 더 심화되는 양상을 보였기 때문이다. **도표33**을 보면 20대 청년층의 취업자 수가 계속 줄어들고 고용률 역시 회복되지 않았다는 사실을 확인할 수 있다. 청년들을 해외로 진출시키겠다는 사업도 시행되었지만 큰 성과를 내지는 못했다.

아울러 청년들이 체감하는 고통은 더욱 커졌다. 정부의 단기 성과 위주의 정책을 통해서 만들어진 일자리는 청년 고용 문제의 해결책이 되지 못했다. 그러나 정부와 정부의 주장에 동의하는 사람들은 계속해서 청년들이 눈높이를 낮추지 않았기 때문에 고용 문제가 심화되었다고 주장했다. 이들의 주장에 따르면 결국 "편하고 쉬운 일만 찾는 청년"들이 문제의 원인인 것이다.

청년들은 높은 눈높이가 문제라는 주장에 동의하지 않는다. 그들은 일자리 문제의 진짜 원인으로 경제위기 이후 저질의 일자리가 양질의 일자리를 대체한 현실을 꼽는다. 실제로 1997년 경제위기 이후 한국 노동 시장에서 비정규직 일자리의 비중이 급격하게 늘어났다(**도표34** 참조). 비정규직과 정규직은 고용의 안정성, 임금 수준, 사회보험 가입 등 여러 측면에서 차이가 난다. 1997년 경제위기 직후 임금근로 일자리의 절반 이상까지 증가했던 비정규직 일자리가 최근에는 40퍼센트 중반 수준으로 줄어들었지만, 여전히 임금근로 일자리의 많은 부분을 차지하고 있다.*"눈높

33. 20대 청년층 취업자 수 및 고용률

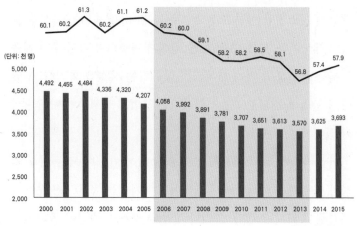

통계청, 경제활동인구조사

34. 비정규직 규모와 비중(각 연도 8월)

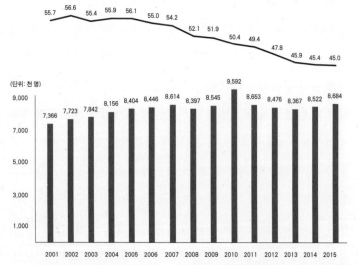

통계청, 경제활동인구조사 각 연도 부가자료 이용 계산

이 임금이 아니라 노동 시장이 문제"라고 주장하는 청년들은 양질의 일자리가 부족한 가운데 그 일자리로 진입하기 위한 경쟁이 치열해지면서 청년들의 노동 시장 진입이 점점 늦어지고 있으며, 일부는 아예 포기한다고 주장한다.

다시 말해 정부가 주장하는 "높은 눈높이"가 아니라 "낮은 임금과 불안정한 고용"이 문제라는 것이다. 교육 수준의 향상과 이전 세대에 비해 월등히 높아진 능력 수준(이른바 스펙), 그리고 물가 상승 등의 조건을 고려할 때 청년들의 눈높이 임금이 상승한 것은 당연하며, 오히려 경제위기 이후 비정규직 일자리가 늘어나고 사회적 임금 수준이 하락하면서 청년들의 노동 시장 진입이 줄어들었다는 것이다.

이런 청년들의 주장은 주류 경제학 이론으로도 설명할 수 있다. 노동 시장 이론에서 합리적인 개인의 임금은 자신이 받고 싶은 수준만으로는 결정되지 않는다. 주류 경제학은 노동 시장에서 임금은 노동의 수요와 공급이 일치하는 수준에서 결정되며, 또한 개인이 가진 생산성에 따라 달라진다고 설명한다. 그리고 생산성은 개인이 가진 인적자본의 축적량이 클수록 높아진다.

1992년 노벨경제학상을 수상한 게리 베커 교수는 『인간자본(Human Capital)』(1964)에서 대학 졸업자와 고등학교 졸업자, 대학

---

* 비정규직의 규모는 "김유선,「비정규직 규모와 실태: 통계청, '경제활동인구조사 부가조사' (2015.8) 결과」, 한국노동사회연구소 ISSUE PAPER 11호(2015)"를 바탕으로 산정했다. 정부 기준 비정규직에 종사상 지위가 임시직과 일용직인 임금근로자를 합쳐서 비정규직 규모를 산출한 것으로, 정부 발표와 다르다.

35. 연령대별 월 평균 임금(단위: 만 원)

	2005	2006	2007	2008	2009	2010	2011	2012	2013	2014	2015
20대	127.3	132.2	138.1	146.8	144.1	150.6	155.4	160.4	164.0	166.6	172.3
30대	178.1	183.1	194.6	203.0	206.5	216.6	226.7	234.2	243.5	247.5	255.5
40대	186.9	193.7	202.9	215.7	216.2	228.6	241.4	252.1	257.2	267.0	274.9
50대	165.1	174.2	185.8	195.1	200.1	205.8	211.4	221.8	234.8	243.1	252.6
전연령평균	165.0	171.6	181.4	191.9	193.9	203.6	212.7	221.6	229.7	235.7	243.5

통계청, 경제활동인구조사 각 연도 8월 부가조사

36. 연령대별 월 평균 임금의 상대적 변화 추이

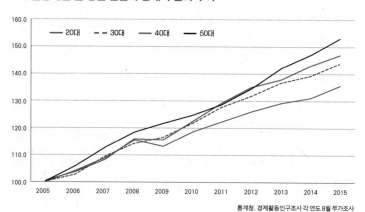

통계청, 경제활동인구조사 각 연도 8월 부가조사

37. 사업체 규모별 월 평균 임금 비교(단위: 원)

사업체 규모	5~9인	10~29인	30~99인	100~299인	300인이상
2008	1,833,650	2,153,148	2,381,805	2,795,674	3,786,252
2009	1,886,681	2,186,795	2,507,100	2,829,907	3,809,193
2010	1,971,307	2,318,057	2,658,559	2,990,753	4,140,084
2011	2,017,895	2,381,912	2,728,718	3,018,672	4,154,150
2012	2,125,952	2,525,462	2,904,045	3,255,213	4,289,856
2013	2,218,597	2,625,402	3,007,456	3,380,871	4,446,866
2014	2,255,779	2,724,572	3,145,326	3,333,964	4,678,408
2015	2,366,310	2,843,136	3,233,651	3,377,218	4,849,460

고용노동부 홈페이지 임금 · 근로실태 통계자료

원 졸업자와 대학 졸업자 사이의 임금 격차를 인적자본 축적량의 차이에 따른 결과로 설명했다. 간단히 이야기하면 교육을 많이 받을수록 인적자본 축적량이 늘어나고, 이는 더 높은 생산성으로 이어지기 때문에 더 많은 임금을 받는다는 것이다.

베커 교수의 이론에 따르면 교육 수준이 높아지고 여러 스펙을 통해 인적자본 축적량이 늘어난 현재의 청년들은 과거에 비해 좋은 일자리를 제시받아야 한다. 하지만 현실에는 저질의 일자리밖에 없고, 이런 상황이 청년들의 노동 시장 진입을 저해하며 노동 시장에서 이탈하도록 만들고 있는 것이다.

실제로 통계청의 발표에서 청년층 일자리 가운데 비정규직의 비중이 높다는 사실을 확인할 수 있다. 2015년 8월 현재 20대 청년층 임금근로자 중 비정규직 비중은 45.9퍼센트로 50대 48.7퍼센트보다는 낮지만, 30대 30.5퍼센트, 40대 37.6퍼센트보다 높다(전체 임금근로자 중 비정규직의 비중은 45.0퍼센트). **도표35**를 보면 다른 연령대에 비해 20대의 월 평균 임금이 낮으며, **도표36**에서는 20대의 임금 상승률 또한 낮은 것을 확인할 수 있다. 2005년 8월의 연령대별 월 평균 임금을 100으로 놓고 이후 임금 변화를 살펴봐도 20대 임금근로자의 월 평균 임금 상승 수준이 가장 낮은 상황을 확인할 수 있다.

이처럼 청년 고용 문제의 원인이 '눈높이'가 아니라 '일자리의 질'에 있다면, 노동 시장의 구조 자체를 바꿔야 청년 고용 문제를 해결할 수 있다.

우선 노동 시장 밖의 청년들을 노동 시장 안으로 끌어들이기 위해서는 양질의 일자리를 제공하는 정책이 필요하다. 그리고 고용이 불안정한 비정규직 일자리의 비중을 줄여야 한다. 고용의 안정성은 제시된 사회적 임금을 계속 받을 수 있는지와 직결되며, 이것이 불안하다면 현 시점에서 개인이 받아들여야 하는 사회적 임금 수준과 일자리의 가치가 더욱 낮아지기 때문이다.

또한 중소기업의 인력 부족 문제를 청년들의 노동 시장 참여로 해결하기 위해서는 중소기업 일자리의 질적인 수준을 지금보다 개선해야 한다(도표37 참조). 눈높이를 낮춰 중소기업에 들어가라는 말 대신 중소기업에 취직한 청년도 연애·결혼·출산·내 집 마련을 꿈꿀 수 있는 일자리를 제공하는 일이 선행되어야 한다. 이를 위해서는 대기업의 절반에도 미치지 못하는 중소기업의 임금 수준과 그보다 더 열악한 사내 복지 수준을 개선해야 한다. 즉 중소기업을 육성하는 정책을 시행하고, 이를 바탕으로 중소기업으로 하여금 좋은 조건의 일자리를 제공할 수 있도록 해야 더 많은 청년들을 유인할 수 있을 것이다.

청년 니트 100만 명 시대, 그들은 누구인가

저출산 고령화 시대에 직면한 지금 20대 청년들의 노동 시장 진입 감소는 생산활동 인력의 감소로 이어져 경제 성장에 악영향을 미친다. 동시에 연애·결혼·출산을 포기하는 청년들이 증가해 저출산·고령화를 심화시킨다. 청년 고용 문제는 이미 청년만의 문제가 아닌 한국 사회 구성원 모두의 문제가 됐다.

청년 고용 문제의 해결을 위해서는 노동 시장 밖에 있는 청년들이 누구인지 조금 더 자세히 고찰해야 할 필요가 있다. 따라서 '노동 시장 밖에 있는 청년들은 누구인가?', '청년 고용 문제를 해결하기 위한 정책은 누구를 대상으로 마련되어야 할까?'에 대해서 살펴보고자 한다.

노동 시장 밖에 있는 청년들을 가리키는 대표적인 용어로는 니트가 있다. 영국과 일본 등의 선진국에서는 우리보다 먼저 노동 시장 밖에 머무는 청년들의 증가가 사회 문제가 되었다. 정규 교육과정을 마쳤지만 노동 시장에 참여하지 않는 청년들이 증가하면서 국가 전반의 생산 활동과 숙련된 기술 축적에 부정적인 영향을 미치는 한편, 청년 빈곤 등의 문제를 초래했기 때문이다. 이에 그 나라들에서는 정규 교육을 받지도, 취업을 하거나 직업 훈련을 받지도 않는 청년들을 니트로 정의하고, 이들의 문제를 해결하기 위한 정책 마련에 힘썼다.

니트라는 개념을 중심으로 한국의 노동 시장 밖 청년들을 살펴보기 위해서는 일단 분석 대상을 명확히 할 필요가 있다. 나라마다 니트의 대상이 달라지는데, 영국에서는 의무교육을 마친 뒤 진학을 하지 않고 취업도 하지 않는 16세~18세 청년층을 중심으로 니트를 정의했다. 반면, 일본의 경우 15세~34세 사이의 미혼 청년들 중에서 학교에 다니지 않으면서 취업도 하지 않고 있는 이들을 니트로 구분했다.

통계청의 경제활동인구조사에 따르면 2015년 8월 기준 20대 청년층 생산가능 인구는 638만 4,000명이다. 이 중 생산 활동에 참여하고 있는 취업자 371만 9,000명을 제외한 266만 5,000명이 노동 시장 밖에 있다. 여기에서 정규 교육기관에 등록되어 있거나 직업 훈련을 받고 있는 이들, 또는 진학을 위해서 입시학원에 다니고 있는 이들은 니트에 포함되지 않는다. 병을 앓고 있거나 군 입대를 앞두고 있거나 결혼 준비 등의 이유로 '자발적'으로 경제활동을 하지 않고 있는 사람들도 니트에서 제외된다.

이렇게 고용 · 교육 · 질병 혹은 자발적 비경제활동 등을 제외한 20대 청년 니트 인구는 2015년 8월 기준 131만 9,000명으로 집계된다. 20대 생산가능 인구 638만 4,000명 중 20.7퍼센트가 청년 니트인 셈이다. 하지만 이들 모두를 '니트'라는 하나의 용어로 지칭하기에는 그 스펙트럼이 넓다. 개별적인 특성에 따라 다시 한 번 니트의 범주를 ①실업자, ②구직 준비 니트, ③가구 내 노동 니트, ④비구직 니트로 세분화할 수 있다.

'실업자'는 니트 개념으로 분류되지 않는 경우가 많다(국내 청년 니트와 관련된 많은 연구에서도 니트에 포함되지 않는다). 이들은 현재 노동 시장 밖에 머물러 있지만 노동 시장에 진입하려 계속 노력하고 있으며, 일자리가 주어지면 즉시 일할 수 있다고 응답한다. 2015년 8월 현재 31만 1,000명, 전체 20대 청년층 중 4.9퍼센트가 실업자에 해당된다.

'구직 준비 니트'는 현재 적극적으로 구직 활동을 하고 있지는 않지만 진학이나 취업을 준비하고 있다고 대답한 경우다. 구체적으로 경제활동인구조사에서 "지난 1주간 활동에 대한 질문"에 "진학이나 취업을 위한 학원이나 기관에 통학하고 있다"고 답하지는 않았지만 그에 대한 "준비"는 하고 있다고 응답한 이들이다. 2015년 8월 현재 37만 1,000명이 구직 준비 니트인 것으로 나타나며, 전체 20대 생산가능 인구의 5.8퍼센트에 해당된다.

가구 내 노동 니트는 니트 상태이면서 가사 노동과 육아가 주된 활동이라 답한 이들이다. 결혼 여부와 상관없이 가사 및 육아와 같은 가구 내 노동을 하고 있는 이들이 여기에 해당된다. 이와 함께 취업자로 분류되지 않은 무급가족종사자 역시 여기에 포함된다. 통계청에서는 자기에게 직접 수입이 오지는 않더라도 자신이 속한 가구가 경영하는 농장, 사업체에서 주 18시간 이상 일한 이들을 취업자로 분류한다. 아버지가 운영하는 식당에서 주당 20시간을 일하면 임금을 받지 않더라도 무급가족종사자라는 이름의 취업자로 분류되는 것이다. 하지만 18시간 미만으로 일할 경우 취업자로 분류되지 않는데 이런 청년도 가구 내 노동 니트에 포함된다. 2015년 8월 현재 20대 생산가능 인구의 4.7퍼센트에 해당되는 30만 1,000명이 가구 내 노동 니트로 분류된다.

마지막으로 '비구직 니트'는 청년 니트 중 구직 활동을 하지 않으며 진학이나 취업 준비 및 가사나 육아 등과 같은 가구 내 노동 행위도 하지 않고 있는 이들을 가리킨다. "지난 1주간 무엇을 했는가"라는 질문에 '주로 쉬었다'라고 답한 이들로, 2015년 8월 현재 20대 청년층 생산가능 인구의 5.2퍼센트인 33만 2,000명이 여기에 해당된다(이상의 니트 구분은 **도표38**을 참조).

청년 고용 문제의 측면에서 보았을 때 정책의 첫 번째 우선순위는 비구직 니트이다. 구직 활동을 하지 않으며 진학이나 취업 준비도 하지 않고 가구 내 다른 노동도 하지 않는 이들은 장기적으로 노동 시장에 참여하지 않을 가능성이 크다. 따라서 이들을 노동 시장으로 끌어들이기 위한 적극적인 정책이 요구된다. 특히 고학력 비구직 니트의 증가는 장기적으로 경제 성장에 악영향을 미친다. 그러므로 직업 훈련 참여 기회를 확대하는 한편, 일 경험을 제공해 일에 대한 두려움을 없애고 스스로 자신이 일하고 싶은 분야를 체험하고 알아갈 수 있도록 하는 정책을 통해서 이들을 니트 상태에서 벗어나도록 유도해야 한다.

다음으로 가구 내 노동 니트에 대한 대책이 필요하다. 가구 내 노동은 사회 구성의 기초인 가정의 존속을 위해 반드시 필요한 노동이다. 누군가는 가사 노동을 해야 하고, 아이가 있을 경우 육아를 책임져야 하기 때문이다. 무급가족종사자의 경우 사실상 생산활동에 참여하고 있는 것으로 볼 수 있다. 하지만 가구 내 노동 니트의 대부분은 '어쩔 수 없이' 노동 시장에 참여하기를 포기하고 가구 내 노동을 선택한다. "쉬고 있으면 뭐해" 같은 다른 가구 구성원들의 핀잔 속에서 어쩔 수 없이 가구 내 노동 니트가 되는 경우도 있다.

38. 청년 니트의 구분

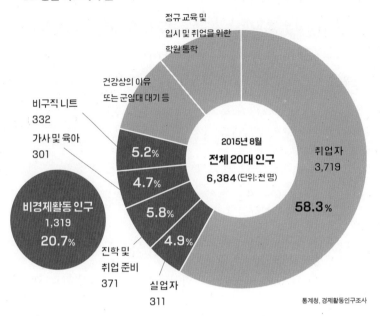

정규 교육 및
입시 및 취업을 위한
학원 통학

건강상의 이유
또는 군입대 대기 등

비구직 니트
332

가사 및 육아
301

5.2%

4.7%

비경제활동 인구
1,319
20.7%

2015년 8월
전체 20대 인구
6,384 (단위: 천 명)

취업자
3,719

58.3%

5.8%

4.9%

진학 및
취업 준비
371

실업자
311

통계청, 경제활동인구조사

39. 연령대별 취업자 수

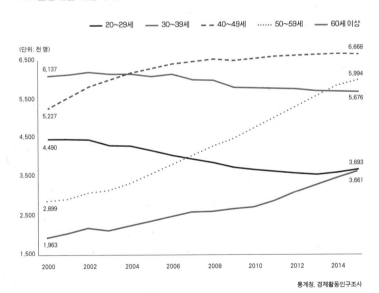

━━ 20~29세   ━━ 30~39세   ━ ━ 40~49세   ····· 50~59세   ━━ 60세 이상

(단위: 천 명)

6,668

6,500

6,137

5,994

5,676

5,227

4,500

4,490

3,693

3,661

3,500

2,899

2,500

1,963

1,500

2000   2002   2004   2006   2008   2010   2012   2014

통계청, 경제활동인구조사

가구 내 노동 니트에서도 4년제 대졸자의 비중이 크게 증가하고 있다는 점도 중요하다. 2005년 8월 중졸 이하 4.5퍼센트, 고졸 55.2퍼센트, 전문대졸 22.9퍼센트, 4년 대졸 16.0퍼센트, 대학원졸 1.4퍼센트이던 가구 내 노동 니트의 학력 구성은 2015년 8월 중졸 이하 10.1퍼센트, 고졸 36.3퍼센트, 전문대졸 22.3퍼센트, 4년세 내졸 28.1퍼센트, 대학원졸 3.1퍼센트로 바뀌었다. 가구 내 노동을 하는 이들 중 고학력자의 비중이 크게 증가했는데, 우리 사회가 고학력자들의 인적자본을 제대로 활용하고 있는지 재검토해볼 필요가 있다.

비자발적으로 가구 내 노동 니트가 된 경우 역시 비구직 니트와 마찬가지로 노동 시장으로 견인하기 위한 정책들이 필요한데, 특히 여성을 중심으로 한 정책들을 구상할 필요가 있다. 가구 내 노동에 참여하고 있는 청년들 가운데 97.6퍼센트가 여성이기 때문이다. 경력 단절이 주로 발생한다고 여겨지는 30대 여성뿐만 아니라 20대 청년 여성을 대상으로도 가구 내 노동을 줄이기 위한 노력이 필요하다는 뜻이다.

청년 실업자 및 구직 준비 니트는 일자리를 구하고 있거나 구하려 준비하고 있는 이들이다. 이들이 보다 쉽게 자신이 원하는 일자리에 접근할 수 있도록 지원하는 정책과 직업 훈련이 중요하다. 또한 청년 실업률 감소와 중소기업 구직난을 해결하기 위해서는 정부의 직접적 지원을 포함해 중소기업 일자리의 질적 수준이 개선되어야 한다.

국가 차원에서 청년 니트는 일시적인 문제일 수도 있다. 저출산 고령화가 더욱 심각해질 경우 다음 세대 청년들은 상대적으로 니트 문제를 심각하게 겪지 않을 가능성도 있다. 하지만 그 경우에도 현재 니트 상태에 있는 청년들은 지금과 비슷한 문제에 계속 직면하게 될 가능성이 크다. 숙련도가 하향 평준화된 청년들은 나이가 들어서도 저숙련 상태에 머물기 쉽기 때문이다. 이 역시 여러 사회 문제를 야기할 수 있으며 세대 간 갈등의 원인이 될 수도 있다. 그러므로 현 시점에 보다 적극적으로, 노동 시장 밖의 청년들을 노동 시장 안으로 끌어들여야 한다.

오늘을 잡아라. 내일에 최소한의 기대를 걸면서

노동 시장에서도 청년들은 줄어들고 중고령층 노동자들은 늘어나는 고령화가 진행되고 있다. **도표39**를 보면 2000년 449만 명이던 20대 청년층 취업자의 수는 2015년 369만 3,000명으로 줄어들었다. 같은 기간 동안 60세 이상 중고령층 취업자는 196만 3,000명에서 366만 1,000명으로 증가했다. 그리고 2016년에는 60세 이상 취업자가 20대 취업자를 추월했다(60세 이상 400만 명, 20대 380만 6,000명).

중고령층의 노동 시장 진입 증가 자체는 문제가 아니다. 사회 복지 시스템이 잘 갖추어지지 않은 대한민국의 형편을 고려하면 소득이 적은 중고령층의 노동 시장 진입은 세계 최고 수준의 노인 빈곤율을 낮추는 기능을 할 수도 있다. 문제는 청년들의 노동 시장 진입 규모가 점점 줄어들고 있는 현실이다. 최근 2년간 고용률은 상승했지만 청년층 취업자의 절대 규모는 계속 감소하고 있으며, 고용률도 2000년대 중반에 비하면 여전히 낮은 수준이다 (도표33 참조).

이처럼 지속되고 있는 청년 고용 문제를 해결하기 위해서는 노동 시장 밖의 청년들이 누구인지, 어떤 상황에 처해 있는지 파악하고, 그 분석을 바탕으로 중앙정부와 지방정부가 함께 적절한 정책을 수립해야 한다. 그 과정에서는 물론 정책의 대상이라 할 수 있는 청년들의 목소리에 귀를 기울여야 할 것이다.

"카르페 디엠(Carpe diem)." 영화 〈죽은 시인의 사회〉에서 키팅 선생님(로빈 윌리엄스 분)이 학생들에게 한 말로, 본래 로마 말기의 시인 호라티우스가 지은 시의 한 구절이다. 우리에게는 '현재를 즐겨라'라는 뜻으로 익숙하지만, 본래 호라티우스가 지은 시의 구절은 "Carpe diem, quam minimum credula postero"이다. 옮기면 "현재를 잡아라. 가급적 내일이란 말은 최소한만 믿어라"이다.

"불확실한 미래에 기대기보다 현재 자신의 일에 충실하라." 대한민국의 청년 고용 정책에서 이 말이 중요한 이유는 언제 올지 모를 경제 성장 국면을 기다리면서 청년들에게 반복되는 고통을 주어서는 안 된다는 측면도 있지만, 그동안 고용 문제로 인해 어려움을 겪었던 청년 세대는 경제 성장 국면이 오더라도 동일한 어려움을 겪을 가능성이 크기 때문이다. 그 과정에서 지금의 청년 세대는 계속해서 노동 시장 밖에 머무를 수밖에 없는 '낀 세대'가 될 위험이 크다.

그러므로 정부와 사회는 청년 고용 문제를 해결하기 위해서는 "현재에 최선을 다해야 한다." 지금의 청년들이 원하는 일자리를 얻을 수 있도록 적극적으로 노력해야 한다. 그리고 다가올 경제 성장 국면을 기대한다면 청년 세대들이 그 시기에 좋은 일자리를 구하고 노동 시장에 진입할 수 있도록 경제적 지원, 현실성 있는 직업 교육 등 어려운 시기를 통과하고 미래를 준비할 수 있는 정책을 마련해야 할 것이다.

청춘의 가격을 마치며

다시 한 번 말하지만 청춘은 푸르러야 한다. 하지만 『청춘의 가격』에서 살펴본 오늘 우리의 청춘들은 좀처럼 푸른 하늘을 바라보기 힘든 상황에 처해 있다. 오히려 대부분의 날들을 낮고 좁고 어둡고 퀴퀴한 공간에 갇혀서 하늘 한 번 바라볼 여유도 없이 생존하고 있다. 우리가 이 책에서 설정한 20세에서 35세까지의 청년 세대 안에는 수없이 다양한 삶의 형태가 존재한다. 그에 따라 필요한 지원 정책도 다양하다. 우리는 이 책을 써내려가면서 다양한 삶의 형태 속에 잠겨 있는 다양한 우울함 가운데서 일말의 희망, 미래의 긍정적인 전조를 발견하고 싶었다.

우리는 이 말을 하고 싶었다. 청년의 어려움은 청년 그 자신 때문이 아니다! 비참해질 것이 뻔히 보이는 도전을 강요하고, 생존하는 대가로 피와 땀을 요구하는 사회에서 청춘은 결코 푸를 수 없다.

하나, 청년은 게으르지 않다. 지금 우리의 청춘들은 그 누구보다 강렬하게 자신의 삶을 옭아매는 제약 안에서 발버둥을 치며 생존하고 있다. 대학 입학-졸업-취업-결혼-출산으로 이어지는 보편적인 생애주기를 선택한 청년도, 그 틀에서 벗어나 자기만의 답안지를 써내려가는 청년도, 모두 자기 인생의 방향키를 똑바로 쥐고 미래를 향해 노를 젓고 있다.

둘, 청춘의 문제는 비단 청춘만의 문제가 아니다. 지금 청년 세대가 몸살을 앓고 있는 주거, 노동, 결혼, 육아 등의 모든 문제는 우리 사회 전체가 안고 있는 문제이다. 다만 그것이 가장 취약하고 가장 준비가 덜 된 청년 세대에게 더 가혹하게 휘몰아칠 뿐이다.

이제 청춘은 게으르고 '노오력'이 부족하다는 질책을 멈춰야 한다. 우리는 역사를 통해 이것이 게으르고 부지런함의 문제가 아니라는 사실을 경험했다. 1970년대 유럽과 미국에 등장했던 신빈곤 세대를 기억해야 한다. 미국과 유럽의 신빈곤 세대는 청년 시기에 2차 세계대전에 휩쓸리며 미래를 위한 준비를 제대로 하지 못했다. 그 결과 전후에 출생한 베이비붐 세대가 눈부시게 부를 쌓아가는 동안에도 이들은 가난해야 했다. 또한 우리는 일본의 잃어버린 세대도 기억해야 한다. 일본 경제에 잔뜩 끼었던 거품이 꺼져버린 뒤 사회로 나서게 된 그들은 지금까지도 경제적으로 자리를 잡지 못했고, 앞으로도 그럴 가능성이 크다.

우리는 『청춘의 가격』을 준비하면서 청년들의 목소리를 직접 들어보고 싶었다. 보고서와 통계 너머에 있는 청년의 삶의 실체에 다가가고 싶었다. 이 책에서 소개한 몇몇 청춘의 예가 모든 청년 세대를 대표할 수는 없을 것이다. 하지만 그들의 당당한 목소리를 통해서 문제 해결의 실마리를 발견할 수 있었다. 정해진 길에서 스스로 벗어나 꿈을 향해서 더디지만 한 발 한 발 다가가고 있는 김초록 씨. 백수가 세상을 바꿀 수 있다고 외치는 김혜리, 김진회 씨. 청춘이 땀 흘려 번 돈으로 그들의 주거 문제를 해결하려는 임경지 씨. 정부와 사회가 청년 문제에 손을 놓고 있는 동안, 청년들은 치열하게 고민하고 발빠르게 움직이면서 자신들의 이야기를 써내려가고 있다.

이제 연구자들이, 사회가, 그리고 정치가들이 그들의 목소리를 경청해야 할 때이다. 청춘의 문제가 지금 한순간 휩쓸고 지나가버릴 문제가 아니라는 점을 직시하고, 그 해결 방법을 위해 머리를 맞대야 한다.

책의 첫머리에 썼던 말을 다시 기억해주기 바란다.

"저 멀리서 한 남자가 걸어오는데 그 모습이 어딘가 이상하다. 팔을 머리 위로 휘휘 내저으며 계속 앞으로 걷는 모양을 보니 제

정신이 아닌 것 같다. 한참을 그렇게 팔을 내저으며 이쪽으로 걸어오더니 탁 하고 자기 목을 친다. 아, 벌에 쏘일까봐 팔을 젓다가 결국 쏘인 거구나. 이제야 남자의 이상해 보였던 행동이 이해된다. 어쨌든 나와는 관계없는 일이니까…. 대수롭지 않게 여기며 몰래 슬쩍 웃다가 고개를 돌리는데, 아차! 나도 벌에 쏘였다."

이 책이 단순히 2017년 청년들의 생활을 기록한 한 권의 보고서가 아니라, 청년의 문제가 곧 우리 모두의 문제라는 사회적 각성을 이끌어내는 계기가 될 수 있기를 간절히 바란다.

2017년 2월
새로운 사회를 여는 연구원

아르바이트를 하던 청춘 씨는 오늘 휴가를 내고 서울시 일자리 플러스 센터에서 개최하는 취업박람회에 간다. 보통 지역 일자리 센터에서 운영하는 취업박람회는 한자리에서 구인·구직자가 모여 취업 활동도 하고, 자기소개서와 이력서도 첨삭해 주는 등의 서비스를 제공하는 행사이다. 시간제 일자리라고도 불리는 아르바이트는 시간당 임금을 기준으로 구하는 경우가 많은데, 청춘 씨는 대학 졸업 후에 바로 원하는 일자리에 취업하지 못했고 아르바이트를 하며 구직 활동을 하고 있었다. 지속적으로 "죄송합니다. 귀하의 앞날에…"로 시작하는 탈락 메일을 받으며 침체기를 겪던 청춘 씨는 직접 취업박람회에 가서 일자리의 다양성과 기회를 체험해볼 심산이다.

대학교 졸업반 이전부터 취업 준비를 했던 청춘 씨는 수년간 고민의 시기를 보냈다. 요즈음 기업들은 구직자들에게 어학 점수와 각종 자격증뿐만 아니라 봉사활동이나 인턴십과 같은 경험까지 요구한다. 이런 요구들을 보통 취업 스펙이라고 하는데, 이 스펙의 적정 수준이 어디인지 도통 가늠할 수가 없어서 무작정 준비했기 때문이다. 인터넷 구직자 커뮤니티에서 '이제는 이력서에 담을 스펙과 함께 자기소개서에 담을 스토리도 중요하다'는 글을 본 청춘 씨는 여러 가지 시도를 해보았다.

먼저 2년간 매달 환경단체에 봉사활동을 갔다. 봉사활동의 사전적 의미는 사회나 남을 위하여 자신의 몸을 움직여 행동하는 것이다. 하지만 청춘 씨의 봉사활동은 사회 문제와 미래 먹거리에도 관심이 많다는 점을 자기소개서에서 어필하기 위한 전략적인 활동이었다. 이 외에도 영어 점수가 토익만으로는 부족한 듯하여 영어 말하기 시험인 토익 스피킹 시험도 준비했다. 또한 컴퓨터를 비롯한 사무 자격증은 물론 여름방학을 활용해 공공기관 대학생 행정 인턴십에도 참여했다. 인턴십 제도는 아직 학생이거나 취업 경험이 없는 구직자에게 직장의 실무 경험을 주고자 일정 기간 동안 직접 업무 현장에서 근무하도록 하는 제도였다. 청춘 씨도 그런 기회로 생각했지만 잡일에 가까운 복사, 비품 관리, 기관 내 미화 관리 등만 경험했다. 그래도 이 모든 활동이 자신의 구직 활동에 도움이 되리라고 믿었다.

그러나 지난해 9월 공채 시즌에도 청춘 씨는 수십 차례나 고배를 마셨다. 기업들이 공개적으로 신입사원을 여러 부서에 걸쳐 대거 모집하는 채용을 신입 공채라고 하는데, 이것은 3월과 9월에 몰려 있다. 이 시즌을 공채 시즌이라고 한다. 공채 시즌에는 하루에도 수많은 공고가 구인구직 홈페이지에 올라온다. 그러나 경기 침체가 지속되면서 정규직보다는 계약직과 같은 비정규직 공고가 많은 비중을 차지했고, 정규직 모집에 대한 지원 경쟁률은 나날이 치솟았다.

여기서 정규직, 계약직, 비정규직 등은 근로계약에 기간이 정해져 있는지 여부로 나뉜다. 근로계약은 노동자가 기업에 노동을 제공하고 이에 대한 임금을 받기 위해 체결된 계약인데, 근로기준법에 따라 임금이나 노동시간과 같은 근로조건을 준수하여 체결되어야 한다. 여기에서 정규직은 입사 후 정년(보통 60세)까지 고용이 보장된 형태의 근로계약을 체결하게 된다. 정년까지 고용이 보장되지 않은 모든 형태의 근로계약은 비정규직으로 분류된다. 구인 공고에서 '1년 계약', '재계약 가능', '최대 2년 근무 가능' 등의 추가적인 사항이 함께 제시된 자리는 계약직으로 불린다. 마찬가지로 비정규직이다. 그런데 계약직 중에서도 제시된 기간이 지나면 또다시 계약이 가능해 고용을 이어갈 수 있다는 '재계약 가능'과 비정규직 기간 중 평가를 통해 정규직으로 고용 형태를 바꾸어줄 수 있다는 '정규직 전환'이라는 문구가 공고에 포함되면 해당 기업의 지원율은 상당히 높아진다.

청춘 씨도 다른 대졸 구직자들과 마찬가지로 대기업에 정규직으로 채용되는 것을 목표로 지원서를 제출했다. 그러나 계속해서 탈락하자 정규직이라면 규모가 작은 중소기업이라도 가겠다는 마음으로 임금이 비교적 적은 곳에도 지원했다. 하지만 중소기업의 사무직에 다니는 선배에게 실상을 듣고는, 다시 대기업 정규직에 먼저 도전하기로 마음을 바꿨다. 선배는 중소기업은 임금이 적은 것뿐만 아니라 사무직 인원이 적기 때문에 한 명이 여러 일을 해야 해서 야근을 하는 경우가 빈번하고, 따라서 시간당 임금으로 따지면 더 박봉이라는 이야기를 들려주었다. 또한 수당이나 상여금이 상당히 적으며 복지 혜택은 거의 없다고 보면 된다고도 했다.

청춘 씨는 문득 중소기업의 인력난과 청년 실업 문제가 단순히 임금 수준 때문에 벌어지는 문제가 아닌 것 같았다. 청춘 씨를 비롯한 청년들이 연애, 결혼, 출산을 포기하는 삼포세대를 거쳐, 인간관계와 내 집 마련까지 포기한 오포세대가 되고, 포기한 것이 너무 많은 N포세대가 되기까지는 단지 취업만이 이유가 아니었기 때문이다. 일각에서는 65세 이상의 인구가 총 인구 중 7퍼센트 이상인 고령화 사회에서는 청년들의 일자리가 감소할 수밖에 없다고도 하지만, 청춘 씨는 고령화 사회든 경제위기든 노동 시장에 닥친 위기를 낙관하지 않고 성실히 노력한 청년들이 이제는 눈을 낮춰도 더 나아질 것이 없는 생활에 지쳤기 때문에 포기한 거라고 생각했다. 자신도 취업박람회까지 갔는데도 좋은 소식이 없다면 공무원 시험을 준비해야 하나 생각하고 있었기 때문이다.

청춘 씨는 공공기관에서 인턴을 할 때 중소기업, 강소기업이라며 구인광고를 내던 기업들이 떠올랐다. 청년 실업 문제가 사회 문제로 떠오른 지 벌써 5년이 넘었다. 국가적 차원에서 문제를 해결하고자 각 지자체와 손을 잡고 인턴제를 확대하고 중소기업 취업을 장려해왔다. 특히 2016년 12월부터 청년고용촉진특별법을 시행하여 청년 미취업자에 대한 국내외 직업능력개발훈련 등의 지원을 실시하고 있다. 예를 들어 공공기관에서 청년 일자리 창출 사업을 하고 청년을 직접 고용하도록 하거나, 중소기업에서 청년 미취업자를 고용했을 경우 비용을 지원해준다. 또한 청년이 직업 상담을 받을 수 있는 기관을 운영하거나 민간에 이런 상담 기능을 위탁 지원하고 있다.

실업급여 24, 30, 31
노동자가 일을 하면서 고용보험에 가입되었을
경우, 실직 후 재취업을 준비하는 기간에 소정
의 급여를 지급하는 제도.

주휴수당 47, 48
1주일에 15시간 이상 일을 했을 때, 1주
일 동안 약속된 근로일 수를 개근한다
면, 주·휴일에 일을 하지 않더라도 1일
분의 임금을 더 주는 것을 의미한다.

신혼부부 전세임대 제도 63, 149
신혼부부가 직접 계약하고자 하는 집을
한국토지주택공사에 알려주면 해당 공사
에서 집주인과 계약을 체결하고, 신혼부
부는 공사로부터 집을 임대하는 제도. 주
거 안정을 위하여 국가가 전세보증금을
지원하는 사업이다.

서울시 청년수당 18, 21, 35
서울시에서 2016년 청년실업률이 높
아지자 청년의 미취업 불안을 해소하
고자 19세 이상 29세 미만이며 서울에 1년 이상 거주한 청년들 중 가정 환경을
고려하여 선정된 청년들에게 구직 지원을 목표로 6개월간 월 50만 원씩 지급하
는 제도이다. 하지만 보건복지부에서 지급된 50만 원이 구직 활동과 무관한 곳
에 쓰일 수 있다며 지급을 중단시켰다.

학자금 대출 19, 117, 145~147, 150, 154, 190, 194, 197
학비, 특히 대학교 등록금을 납부하거나 학생이 생활비로 사용하기 위해
대출을 받는 것으로 2009년부터는 한국장학재단에서 시행하고 있다.
종류는 취업 후 소득 발생 시점부터 대출금을 상환하는 '취업 후 상환 학
자금 대출', 거치 기간 동안 이자를 납부한 후 상환 기간 동안 원금과 이자
를 같이 상환하는 '일반 상환 학자금 대출', 그리고 졸업 후 2년 뒤부터 상
환해야 하는 '농어촌 출신 대학생 학자금 융자' 이렇게 세 가지가 있다.

근로소득 53~55

기본적으로 임금을 의미한다. 노동을 제공한 대가로 기업으로부터 받는 봉급, 상여, 수당과 같은 금전적인 보상을 의미한다.

니트 89, 90, 109, 222~229

니트(NEET)는 Not in Education, Employment, or Training의 약자이다. 일을 하지 않으면서 어떤 교육이나 직업 훈련도 받고 있지 않은 생산 가능인구(15세-34세)를 의미한다.

처분가능소득 93, 98

개인 소득에서 비소비지출인 세금, 사회보장 부담금, 타 가구로 이전, 비영리단체로 이전, 이자 비용 등을 뺀 나머지 소득을 의미한다. 소득 분배의 정도를 측정할 수 있는 소득으로 사용된다.

종사상 지위 94, 95, 219

자영업자와 임금근로자 및 무급가족종사자와 같은 근로자의 지위를 의미한다. 자영업자는 고용원이 있는 자영업자와 고용원이 없는 자영업자로 나뉘고, 임금근로자는 상용근로자, 임시근로자 및 일용근로자로 나뉜다.

중산층 11

경제적으로는 OECD 기준을 따라 소득이 중위소득의 50~150퍼센트인 가구를 의미한다. 또한 사회문화적인 기준을 함께 고려하여 여가 및 소비생활이 일정 수준 이상을 유지할 수 있는 가구를 중산층으로 보기도 한다.

소비지출 53~56, 93~97, 106, 107

소비자가 식료품, 주거, 교육 등과 같은 소비재를 구입하기 위해 지출하는 것을 의미한다.

눈높이 임금(유보임금) 215, 216, 219

노동자가 취업을 하고 나서 최소한으로 받고자 하는 임금 수준을 의미한다.

사회보험 217

법으로 시행하는 보험 제도로, 국가가 보장하는 보험이다. 국내에는 4대 보험이라는 말로 더욱 알려져 있는데 국민연금, 건강보험, 고용보험, 산재보험이 그것이다.

도표 색인

청춘의 가격

2017년 3월 10일 1판 1쇄

지은이   새로운 사회를 여는 연구원

편집   이진·이창연
디자인   홍경민
제작   박흥기
마케팅   이병규·양현범·박은희

인쇄   천일문화사
제책   정문바인텍

펴낸이   강맑실
펴낸곳   (주)사계절출판사
등록   제406-2003-034호
주소   (우)10881 경기도 파주시 회동길 252
전화   031-955-8588, 8558
전송   마케팅부 031-955-8595 편집부 031-955-8596
홈페이지   www.sakyejul.co.kr
전자우편   skj@sakyejul.co.kr
블로그   skjmail.blog.me
페이스북   facebook.com/sakyejul
트위터   twitter.com/sakyejul

ISBN 979-11-6094-028-2 03300

이 도서의 국립중앙도서관 출판예정도서목록(CIP)은 서지정보유통지원시스템 홈페이지(http://seoji.nl.go.kr)와
국가자료공동목록시스템(http://www.nl.go.kr/kolisnet)에서 이용하실 수 있습니다. (CIP제어번호: CIP2017005388)